Sandra Kroll-Gabriel (Hg.)
Andreas Pfeifer

Kompetenzerwerb

Richtig schreiben

Klasse 3/4

Deutsch

Praxisband zu Methoden, Arbeitstechniken und
Strategien im kompetenzorientierten
Deutschunterricht

Auer

Gedruckt auf umweltbewusst gefertigtem, chlorfrei gebleichtem
und alterungsbeständigem Papier.

1. Auflage 2016
© 2016 Auer Verlag, Augsburg
AAP Lehrerfachverlage GmbH
Alle Rechte vorbehalten.

Das Werk als Ganzes sowie in seinen Teilen unterliegt dem deutschen Urheberrecht. Der Erwerber des Werks ist berechtigt, das Werk als Ganzes oder in seinen Teilen für den eigenen Gebrauch und den Einsatz im Unterricht zu nutzen. Die Nutzung ist nur für den genannten Zweck gestattet, nicht jedoch für einen weiteren kommerziellen Gebrauch, für die Weiterleitung an Dritte oder für die Veröffentlichung im Internet oder in Intranets. Eine über den genannten Zweck hinausgehende Nutzung bedarf in jedem Fall der vorherigen schriftlichen Zustimmung des Verlags.

Sind Internetadressen in diesem Werk angegeben, wurden diese vom Verlag sorgfältig geprüft. Da wir auf die externen Seiten weder inhaltliche noch gestalterische Einflussmöglichkeiten haben, können wir nicht garantieren, dass die Inhalte zu einem späteren Zeitpunkt noch dieselben sind wie zum Zeitpunkt der Drucklegung. Der Auer Verlag übernimmt deshalb keine Gewähr für die Aktualität und den Inhalt dieser Internetseiten oder solcher, die mit ihnen verlinkt sind, und schließt jegliche Haftung aus.

Illustrationen: Carmen Hochmann
Satz: Fotosatz H. Buck, Kumhausen
Druck und Bindung: Korrekt Nyomdaipari Kft, Budapest
ISBN 978-3-403-07269-0

www.auer-verlag.de

Inhalt

Vorwort 4
Praxis des kompetenzorientierten Unterrichts 5
Aufbau der Materialien 6

Kompetenzbaustein 1: Phonologisches und silbisches Prinzip nutzen
1. Methode: Wörter in Silben zerlegen 7
2. Methode: Trennregel anwenden 9
3. Methode: Wörter mit silbentrennendem -h schreiben 12
4. Methode: Wörter mit verstecktem r schreiben 15
5. Methode: Kurze und lange Vokale unterscheiden 17
6. Methode: Wörter mit Doppelkonsonanten schreiben 20
7. Methode: Wörter mit Doppelkonsonanten verlängern 23
8. Methode: Wörter mit tz schreiben 26
9. Methode: Wörter mit ck schreiben 28
10. Methode: Wörter mit tz und ck trennen 31
11. Methode: Wörter mit ie schreiben 33

Kompetenzbaustein 2: Morphologisches Prinzip nutzen
12. Methode: Nomen großschreiben 35
13. Methode: Adjektive erkennen 37
14. Methode: Nomen mit -ung, -heit- und -keit bilden 39
15. Methode: Verwandte Wörter erkennen 43
16. Methode: Wörter mit ä und äu erkennen 45
17. Methode: Auslaute erkennen 47

Kompetenzbaustein 3: Grammatisches Prinzip nutzen
18. Methode: Groß- und Kleinschreibung beachten 50
19. Methode: Adjektive steigern 52
20. Methode: Unregelmäßige Wortformen richtig schreiben 56

Kompetenzbaustein 4: Wörter mit nicht regelhaften Rechtschreibbesonderheiten schreiben
21. Methode: Wörter mit Dehnungs-h schreiben 59
22. Methode: Wörter mit i statt mit ie schreiben 61
23. Methode: Wörter mit V/v schreiben 63
24. Methode: Wörter mit doppeltem Vokal finden 65
25. Methode: Wörter mit x-Laut schreiben 69
26. Methode: Wörter mit Fugenelementen schreiben 72

Kompetenzbaustein 5: Rechtschreibprinzipien anwenden und reflektieren
27. Methode: Inneres Mitsprechen automatisieren 74
28. Methode: Rechtschreibstrategien anwenden 77
29. Methode: Rechtschreibbesonderheiten erkennen 79
30. Methode: Fehlerfrei abschreiben 81
31. Methode: Eigene Texte überprüfen 83
32. Methode: Im Wörterbuch nachschlagen 86
33. Methode: Rechtschreibfehler verbessern 88
34. Methode: Lernwörter als Kartei anlegen 91
35. Methode: Üben mit der Lernwörterkartei 94

Strategiepass 96

Vorwort

Im Zentrum eines zeitgemäßen Unterrichts steht der Erwerb von Kompetenzen, die den Schüler befähigen, Probleme durch verfügbare beziehungsweise erlernte Fähigkeiten und Fertigkeiten zu lösen.

Statt einer vorwiegenden Konzentration auf die Inhaltsebene rückt die Könnensebene in den Vordergrund der Betrachtung. Der Unterricht wird zum aktiven Prozess, der es dem Schüler ermöglicht, sich Methoden und Strategien anzueignen, die er auf verschiedene Situationen übertragen kann.
Die Schüler erwerben die Kompetenzen kontinuierlich und selbstgesteuert, sodass sie diese nachhaltig nutzen und anwenden können.

Die Gestaltung eines kompetenzorientierten Unterrichts sowie passender Lernaufgaben erfordert daher eine Berücksichtigung verschiedener Kriterien, die nicht für sich alleine, sondern miteinander verzahnt betrachtet werden müssen:

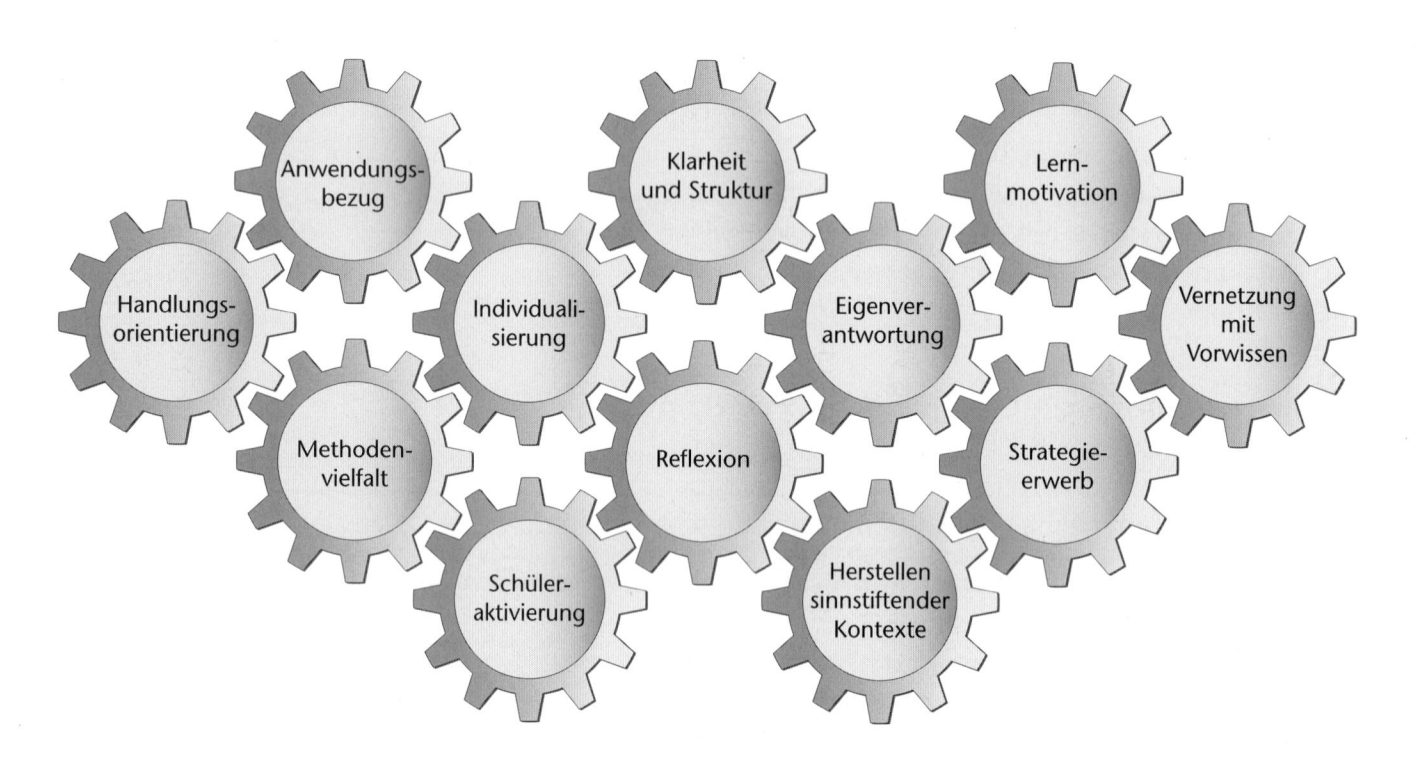

- Anwendungsbezug
- Klarheit und Struktur
- Lernmotivation
- Handlungsorientierung
- Individualisierung
- Eigenverantwortung
- Vernetzung mit Vorwissen
- Methodenvielfalt
- Reflexion
- Strategieerwerb
- Schüleraktivierung
- Herstellen sinnstiftender Kontexte

Die Bände der Reihe „Kompetenzerwerb" unterstützen Sie bei der Umsetzung eines kompetenzorientierten Unterrichts. Sie bieten Ihnen zweifach differenziertes Material, mit dem die Schüler aktiv und selbstständig Kompetenzen erwerben, die sie in den vielfältigen Anforderungen des Unterrichts und der Lebenswelt anwenden und nutzen können.

Sie können die Kartei im Rahmen der Wochenplanarbeit oder Freiarbeit einsetzen. Außerdem können die Übungen als Stationentraining oder Lernzirkel verwendet werden.

Viel Freude mit den Materialien!

Sandra Kroll-Gabriel

Praxis des kompetenzorientierten Unterrichts

Einstiegsphase:
- klare Zielformulierung
- Abruf und Wiederholung der Lernvoraussetzungen durch **Fertigkeitsübungen**

Hauptphase:
- selbstständige Bearbeitung verschiedener **Aufgaben und Problemstellungen**
- Raum für eigene Lernwege und zusätzliche Lernschritte
- Anwendung von **Methoden und Strategien**
- Erwerb von Kompetenzen, die auf weitere Situationen übertragen werden können
- Möglichkeit zum individuellen Lernen durch **Differenzierungsangebote**

Abschlussphase:
- Reflexion der angewandten Strategie (vgl. Strategiepass S. 96)
- Anwendung der Teilkompetenzen
- Planung der weiteren Lernschritte und **Vernetzung des Wissens**

Lehrer:
- organisiert und moderiert die Lernumgebung
- schafft Platz für selbstständiges Lernen
- stellt das Leistungsniveau fest und hilft bei der Übungsauswahl
- beobachtet den Lernfortschritt
- begleitet und unterstützt die Schüler

Schüler:
- arbeitet selbstständig
- entdeckt Wissen
- erwirbt Kompetenzen
- kommuniziert mit anderen, arbeitet im Team
- übernimmt Verantwortung für den eigenen Lernprozess
- reflektiert den eigenen Lernfortschritt

→ Die vorliegenden Materialien werden in der Hauptphase des Unterrichts selbstständig durch die Schüler bearbeitet.

Aufbau der Materialien

Methode
Die einzelnen Methoden können isoliert oder als Lehrgang durchgeführt werden. Mit ihrer Hilfe werden schrittweise die einzelnen Kompetenzbausteine trainiert.

Kompetenzerwartungen
Die Entwicklung der hier genannten Teilkompetenzen wird durch die jeweilige Aufgabe gefördert.

Differenzierung
Zu jeder Methode werden zwei Kopiervorlagen (KV) mit unterschiedlichem Schwierigkeitsgrad angeboten.

Karteikarte
Zu jeder Aufgabe gibt es eine Karteikarte (K) mit der Aufgabenstellung für die Hand der Schüler.

Aufgabe
Die Aufgabe wird Schritt für Schritt erklärt.

Sozialform
Aufgaben für Partner- oder Gruppenarbeit sind mit einem entsprechenden Symbol gekennzeichnet.

Kompetenzanwendung
Durch die vertiefende Anwendungsaufgabe am Ende jeder Karteikarte festigt sich die Methode und steht nachhaltig zur Verfügung.

Strategie
Biber Poldi begleitet die Schüler auf ihrem Weg und hilft mit vielen Strategien und Tipps.

---

1. Methode: Silben erkennen

Kompetenzerwartungen:
- Wörter nach Silben zerlegen
- lautgetreue Wörter durch silbisches Mitsprechen richtig schreiben

Material:
- K1
- KV1
- wasserlöslicher Folienstift
- Block und Stift

Vorbereitung und Einsatz:
- Kopieren und laminieren Sie die K1.
- Kopieren, laminieren[1] und zerschneiden Sie die KV1.
- Zur Selbstkontrolle können Sie ein Lösungsblatt anbieten.
- Die Schüler lesen die Wörter und zeichnen Silbenbögen darunter. Sie vergleichen ihr Ergebnis mit ihrem Partner und sprechen die Wörter noch einmal syllabierend. Dabei schwingen sie die Silben mit der Hand mit. Ist genügend Platz vorhanden, können sie die Wörter auch mit dem ganzen Körper wippen, schwingen oder gehen. Anschließend schreiben sie die Wörter auf ihren Block und sprechen dabei silbisch mit.

K1 Silben erkennen

Aufgabe:

1. Lies die Wörter.
2. Zeichne Silbenbögen darunter.
   Te le fon
3. Vergleicht euer Ergebnis und schwingt dabei die Silben mit.
4. Schreibe die Wörter auf deinen Block und sprich dabei silbisch mit.

Findet weitere Wörter. Sprecht sie laut und schwingt die Silben mit.

Silbisch zu sprechen hilft dir, Wörter richtig zu schreiben.

---

[1] Statt die Kopiervorlage zu laminieren und den Schülern wasserlösliche Folienstifte bereitzulegen, können Sie die Kopiervorlagen dieses Bandes auch im Klassensatz kopieren und die Schüler mit Füller, Bleistift oder Buntstift bearbeiten lassen. Viele der Kopiervorlagen des Bandes gibt es in zwei Schwierigkeitsgraden. Entscheiden Sie, wie viele Kopien jeder Version Sie benötigen.

1. Methode: Wörter in Silben zerlegen

Kompetenzerwartungen:
- Wörter nach Silben zerlegen
- lautgetreue Wörter durch silbisches Mitsprechen richtig schreiben

Material:
- K1
- KV1
- wasserlöslicher Stift

Vorbereitung und Einsatz:
- Kopieren und laminieren Sie K1.
- Kopieren, laminieren[1] und zerschneiden Sie KV1.
- Sie können eine Lösungskarte zur Selbstkontrolle anbieten.
- Die Schüler sprechen die Wörter laut und deutlich. Sie trennen die einzelnen Silben mit Strichen ab. Das Ergebnis wird anschließend mit dem Partner kontrolliert.

K1 Wörter in Silben zerlegen

Aufgabe:

Sprich die Wörter in Silben, damit du keine Buchstaben vergisst.

1. Lies die Wörter / Sätze.
2. Trenne die **Wörter** nach Silben ab.
   Zi | tro | nen | eis
3. Kontrolliere dein Ergebnis.

Suche dir einen Partner.
Schreibt möglichst lange Wörter nach Silben auf.
Beispiel: Süß | wa | ren | la | den

---

[1] Statt die Kopiervorlage zu laminieren und den Schülern wasserlösliche Folienstifte bereitzulegen, können Sie die Kopiervorlagen dieses Bandes auch stets im Klassensatz kopieren und die Schüler mit Füller, Bleistift oder Buntstiften bearbeiten lassen. Viele der Kopiervorlagen dieses Bandes gibt es in zwei Schwierigkeitsgraden. Entscheiden Sie, wie viele Kopien jeder Version Sie benötigen.

Kompetenzbaustein 1: Phonologisches und silbisches Prinzip nutzen

KV1 Wörter in Silben zerlegen

Gummibärchen   Zuckerwatte

Schokoladenbanane   Erdbeereis

Karamellbonbon    Zitronenlimonade

Lebkuchenherzen   Kaugummi

Knusperreis   Lakritzpfeifen

KV1 Wörter in Silben zerlegen

Auf dem **Jahrmarkt** duftet es wunderbar nach Süßigkeiten.
Am ersten Stand glitzert die **Zuckerwatte** neben den **farbigen Gummibärchen**. Ein paar Schritte weiter gibt es **Schokoladenbananen**, **Karamellbonbons** und **Erdbeereis**.
Alle **Kinder** lieben die **Lebkuchenherzen**.
Aber auch **Kaugummi**, **Knusperreis** und **Lakritzpfeifen** dürfen nicht fehlen. Wer Durst hat kann sich auch eine **leckere Zitronenlimonade** gönnen.
Aber vergesst das **Zähneputzen** nicht!

Kompetenzbaustein 1: Phonologisches und silbisches Prinzip nutzen

2. Methode: Trennregel anwenden

Kompetenzerwartungen:
- Trennregeln erkennen
- Trennregeln richtig anwenden

Material:
- K2
- KV2
- wasserlöslicher Stift

Vorbereitung und Einsatz:
- Kopieren und laminieren Sie K2.
- Kopieren, laminieren und zerschneiden Sie KV2.
- Die Schüler lesen die Trennregeln und fügen Beispiele hinzu. Anschließend trennen sie Wörter nach den erlernten Regeln. Sie kontrollieren die korrekte Trennung mit dem Wörterbuch.

K2 Trennregel anwenden

Aufgabe:

Sprich die Wörter langsam und deutlich, das hilft dir beim Trennen.

1. Lies die Trennregeln.
2. Finde jeweils ein weiteres Beispiel.
3. Trenne die Wörter nun richtig.
4. Kontrolliere mit dem Wörterbuch.

Diktiert euch Wörter aus dem Wörterbuch. Schreibt sie getrennt auf.

KV2   Trennregel anwenden (Plakat)

Trennregeln
Wenn du am Ende einer Zeile keinen Platz mehr hast, musst du das Wort trennen. Beachte dabei folgende Regeln.

1. **Einsilbige Wörter trenne ich nicht.**
   Hut, Maus, Kopf

   Beispiele:

   _____

2. **Ich trenne nach Sprechsilben.**
   Ho-se, Ba-na-ne, Scho-ko-la-de

   Beispiele:

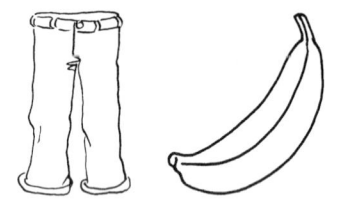

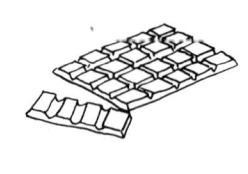

   _____

3. **Bei Konsonantenhäufung kommt der letzte Konsonant in die nächste Zeile.**
   Kat-ze, Ap-fel, Fin-ger, put-zen,
   Him-mel, ras-ten

   Beispiele:

   _____

4. **ch, ck und sch werden nicht getrennt, da sie ein Laut sind. Kommen weitere Konsonanten hinzu, gilt wieder Regel 3.**
   Wä-sche, Fla-sche, Dra-che,
   ABER: plötz-lich, wach-sen, trock-nen

   Beispiele:

   _____

5. **Ein Vokal darf nicht alleine stehen.**
   Ele-fant, Amei-se

   Beispiele:

KV2 Trennregel anwenden

Amsterdam	Deutschland	Berlin	München
Niederlande	Hamburg	Paris	Bern
London	Italien	Rom	Schweden
Frankreich	Türkei	Dubai	Amerika

KV2 Trennregel anwenden

Amsterdam	Deutschland	Berlin	München
Niederlande	Hamburg	Paris	Bern
London	Italien	Rom	Schweden
Frankreich	Türkei	Dubai	Amerika
Jamaika	Malta	Barcelona	Finnland
Spanien	Schweiz	Österreich	Bulgarien
Wien	Portugal	Andalusien	Nizza

Kompetenzbaustein 1: Phonologisches und silbisches Prinzip nutzen

3. Methode: Wörter mit silbentrennendem -h schreiben

Kompetenzerwartungen:
- deutliches Sprechen als Rechtschreibstrategie anwenden
- Wörter nach Silben gliedern
- silbentrennendes h erkennen
- Wörter richtig aufschreiben

Material:
- K3
- KV3

Vorbereitung und Einsatz:
- Kopieren und laminieren Sie K3.
- Kopieren Sie KV3 im Klassensatz.
- Die Schüler bilden aus Silben Wörter und erkennen durch deutliches Sprechen das silbentrennende -h. Anschließend bilden Sie die Verlängerungsform, um das h hörbar zu machen. In der Anwendung schreiben sie passende Sätze zu den Wörtern und markieren das silbentrennende -h.

K3   Wörter mit silbentrennendem -h schreiben

Aufgabe:

Sprich die Wörter deutlich nach Silben, damit du das h hören kannst.

1. Bilde aus den Silben Wörter.
2. Schreibe die Wörter auf.
3. Verlängere dann die Wörter, damit du das h hören kannst.

Bilde aus Verben und Nomen Sätze. Schreibe sie auf und markiere das „h" farbig.

Kompetenzbaustein 1: Phonologisches und silbisches Prinzip nutzen

KV3 Wörter mit silbentrennendem -h schreiben

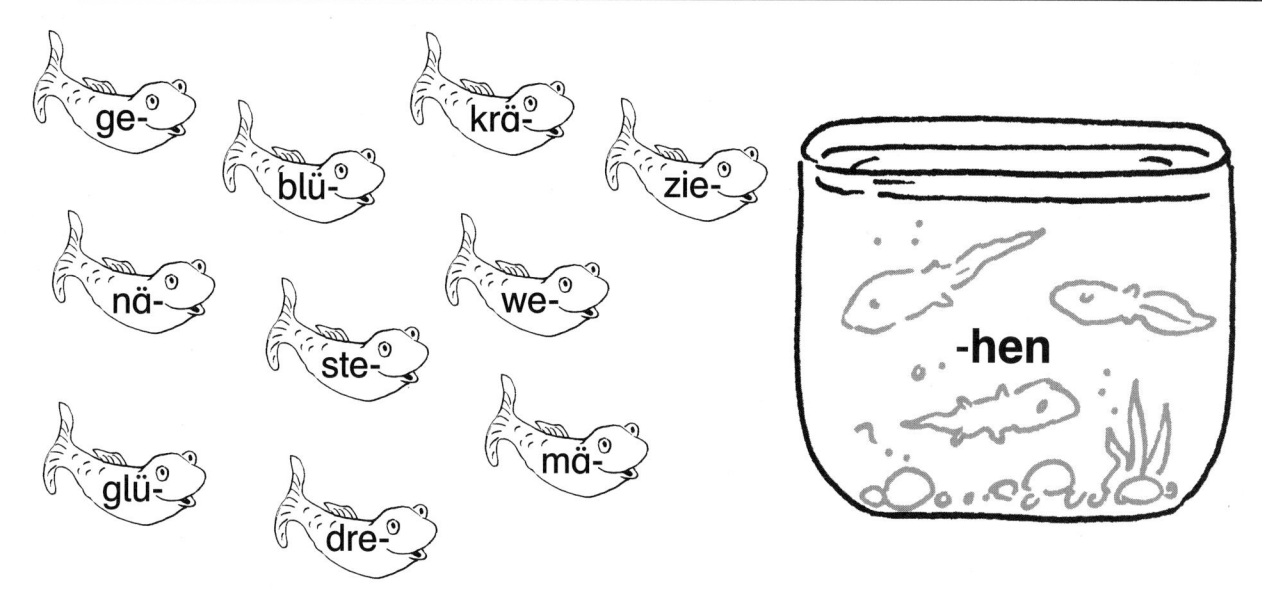

Fische: ge-, krä-, blü-, zie-, nä-, we-, ste-, glü-, mä-, dre-

-hen

_____
_____
_____
_____

der Schu_____ → die Schu_____

das Re_____ → die Re_____

die Ku_____ → die Kü_____

der Ze_____ → die Ze_____

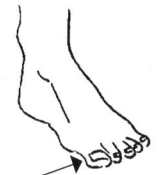

der Flo_____ → die Flö_____

KV3 Wörter mit silbentrennendem -h schreiben

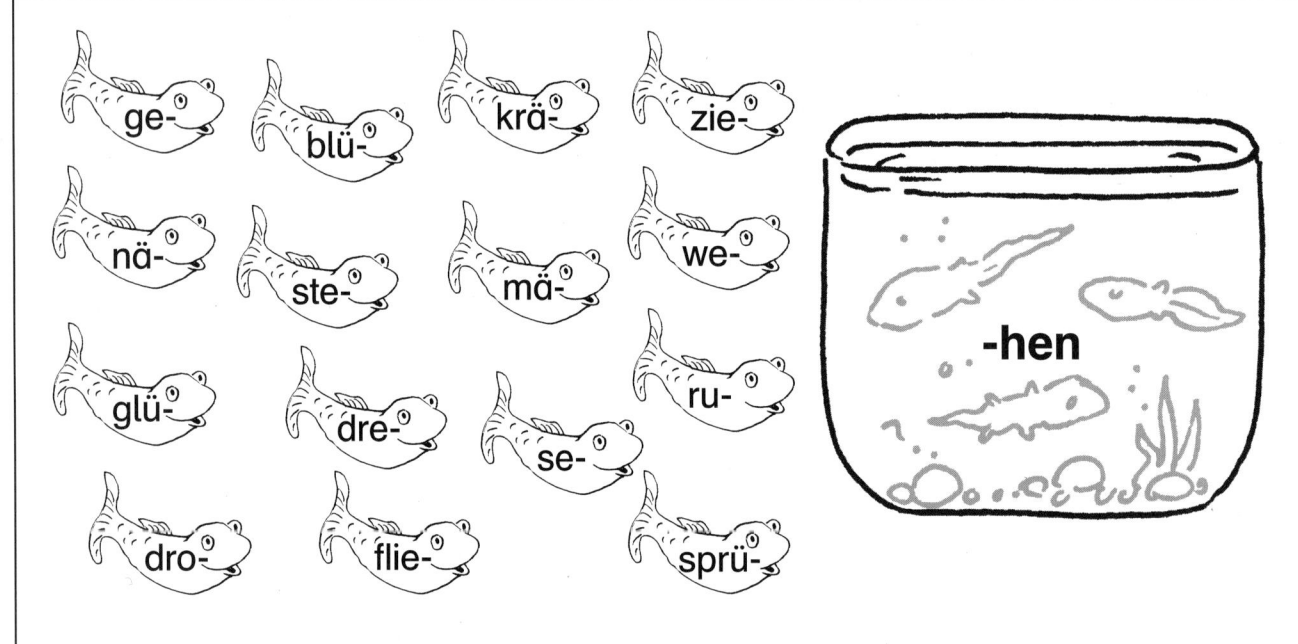

ge- blü- krä- zie-
nä- ste- mä- we-
glü- dre- se- ru-
dro- flie- sprü-

-hen

_____
_____
_____
_____
_____

der Schu_____ ⟶ die Schu_____

das Re_____ ⟶ die Re_____

der Ze_____ ⟶ die Ze_____

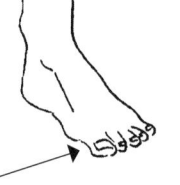

die Ku_____ ⟶ die K_____

der Flo_____ ⟶ die Flö_____

Kompetenzbaustein 1: Phonologisches und silbisches Prinzip nutzen

4. Methode: Wörter mit verstecktem r schreiben

Kompetenzerwartungen:
- Wörter deutlich sprechen
- Wörter nach ihrer Lautfolge genau abhören
- schwierige Buchstabenverbindungen richtig schreiben
- Wörter fehlerfrei schreiben

Material:
- K4
- KV4
- wasserlöslicher Stift
- Block

Vorbereitung und Einsatz:
- Kopieren und laminieren Sie K4.
- Kopieren Sie KV4 im Klassensatz.
- Die Schüler lesen den Text und markieren Wörter mit verstecktem r nach einem Vokal. Anschließend schreiben sie den Text auf ihren Block. Die Wörter mit verstecktem r schreiben sie mit Buntstiften. Wichtig ist, dass die Schüler deutlich mitsprechen und das r hörbar machen. In der Anwendung lesen sie den Text mit einem Partner und betonen dabei das versteckte r besonders deutlich.

K4 Wörter mit verstecktem r schreiben

Aufgabe:

1. Lies den Text.
2. Markiere alle Wörter mit verstecktem **r** nach einem Vokal.
3. Schreibe den Text auf deinen Block. Verwende bei den **r** Wörtern einen Buntstift.
4. Sprich beim Schreiben ganz deutlich mit.

Das r nach einem Vokal hörst du nur, wenn du die Wörter ganz deutlich sprichst.

Lest euch gegenseitig den Text vor. Sprecht das **r** dabei sehr deutlich. Es darf auch lustig klingen.

Kompetenzbaustein 1: Phonologisches und silbisches Prinzip nutzen

KV4 Wörter mit verstecktem r schreiben

Martina isst **gerne** Obst und Gemüse. Sie liebt

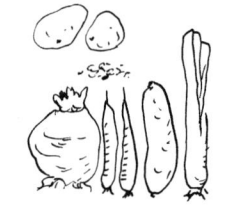

Kürbisse, **Gurken** und **Birnen**. Das macht sie

groß und **stark**. Sie ist nämlich eine **wirklich** gute

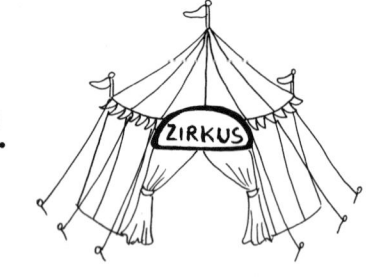

Sportlerin und tritt sogar im **Zirkus** auf.

Bis zu 20 Meter weit kann sie mit ihren **Armen werfen.**

KV4 Wörter mit verstecktem r schreiben

Martina isst gerne Obst und Gemüse. Sie liebt

Kürbisse, Gurken und Birnen. Das macht sie

groß und stark. Sie ist nämlich eine wirklich gute

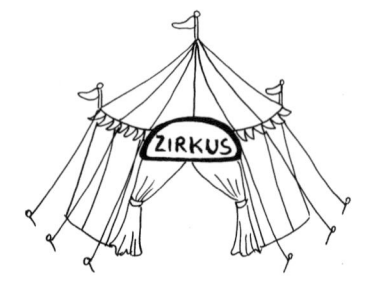

Sportlerin und tritt sogar im Zirkus auf.

Bis zu 20 Meter weit kann sie mit ihren Armen werfen.

Kompetenzbaustein 1: Phonologisches und silbisches Prinzip nutzen

5. Methode: Kurze und lange Vokale unterscheiden

Kompetenzerwartungen:
- Vokale kennen und markieren
- Lautqualitäten hinsichtlich kurz oder lang gesprochener Vokale unterscheiden
- Wörter fehlerfrei abschreiben
- Wörter selbstständig überprüfen

Material:
- K5
- KV5
- wasserlöslicher Stift

Vorbereitung und Einsatz:
- Kopieren und laminieren Sie K5.
- Kopieren, laminieren und zerschneiden Sie KV5.
- Die Schüler lesen die Wörter, sprechen diese sehr deutlich und markieren den Selbstlaut nach der entsprechenden Lautqualität (kurz •/lang –).

K5 Kurze und lange Vokale unterscheiden

Aufgabe:

> Sprich genau. Nach einem kurzen Vokal folgen meist zwei oder mehrere Konsonanten.

1. Lies die Wörter.
2. Markiere den Vokal. Wird er kurz • gesprochen oder lang – ?
3. Vergleiche dein Ergebnis mit einem Partner.

Lege eine Tabelle an. Sortiere die Wörter ein und finde weitere Beispiele.

Kompetenzbaustein 1: Phonologisches und silbisches Prinzip nutzen

KV5 Kurze und lange Vokale unterscheiden

| der Saft | die Schale | winzig | die Dose |

| die Schere | der Kasten | die Flasche |

| der Hals | der Boden | die Lupe | raten |

| die Vase | die Schafe | strampeln | das Ding |

KV5 Kurze und lange Vokale unterscheiden

| der Saft | die Schale | winzig | die Dose |

| die Schere | der Kasten | die Flasche |

| der Hals | der Boden | die Lupe | raten |

| die Vase | die Schafe | strampeln | das Ding |

KV10 Lautqualitäten unterscheiden (Tabelle)

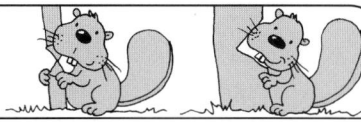

Kurzer Vokal •	Langer Vokal –

6. Methode: Wörter mit Doppelkonsonanten schreiben

Kompetenzerwartungen:
- Wörter mit Doppelkonsonanten richtig schreiben
- Lautqualitäten unterscheiden
- kurz gesprochene Vokale erkennen
- Wörter durch Silbensprechen richtig schreiben
- mit dem Wörterbuch umgehen

Material:
- K6
- KV6

Vorbereitung und Einsatz:
- Kopieren und laminieren Sie K6.
- Kopieren Sie KV6 im Klassensatz. Die Schüler sprechen die Wörter laut und deutlich. Sie entscheiden, welche Schreibweise richtig ist und begründen dies mit der Lautqualität des Konsonanten. Das Wort wird dann richtig aufgeschrieben. Mithilfe des Wörterbuchs kontrollieren die Schüler die Schreibweise. In der Anwendung suchen Sie mit einem Partner weitere Wörter mit Doppelkonsonanten und legen eine Tabelle an.

K6 Wörter mit Doppelkonsonanten richtig schreiben

Aufgabe:

> Der Vokal vor dem Doppelkonsonant wird kurz gesprochen. Du hörst ihn beim Silbensprechen.

1. Lies die Wörter.
2. Wie sprichst du den Vokal? Kurz • oder lang –? Unterstreiche zuerst das richtige Wort farbig. Schreibe das Wort richtig auf.
3. Kontrolliere mit dem Wörterbuch.

Suche Wörter mit Doppelkonsonanten und lege eine Tabelle an. Verwende ein Plakat.

tt	pp	mm	nn

Kompetenzbaustein 1: Phonologisches und silbisches Prinzip nutzen

KV6 Wörter mit Doppelkonsonanten schreiben

Himel oder Himmel? _____ weil ☐

Mutter oder Muter? _____ weil ☐

holen oder hollen? _____ weil ☐

Gewitter oder Gewiter? _____ weil ☐

Besen oder Bessen? _____ weil ☐

Tane oder Tanne? _____ weil ☐

Hupe oder Huppe? _____ weil ☐

satt oder sat? _____ weil ☐

essen oder esen? _____ weil ☐

Meser oder Messer? _____ weil ☐

Gabel oder Gabbel? _____ weil ☐

Kompetenzbaustein 1: Phonologisches und silbisches Prinzip nutzen

KV6 Wörter mit Doppelkonsonanten schreiben

Himel oder Himmel? _____ weil ☐

Mutter oder Muter? _____ weil ☐

holen oder hollen? _____ weil ☐

Gewitter oder Gewiter? _____ weil ☐

Besen oder Bessen? _____ weil ☐

Tane oder Tanne? _____ weil ☐

Hupe oder Huppe? _____ weil ☐

satt oder sat? _____ weil ☐

essen oder esen? _____ weil ☐

Meser oder Messer? _____ weil ☐

Gabel oder Gabbel? _____ weil ☐

7. Methode: Wörter mit Doppelkonsonanten verlängern

Kompetenzerwartungen:
- Wörter mit Doppelkonsonanten richtig schreiben
- einsilbige Wörter verlängern
- kurz gesprochene Vokale erkennen
- Wörter durch silbisches Sprechen richtig aufschreiben

Material:
- K7
- KV7
- Block

Vorbereitung und Einsatz:
- Kopieren und laminieren Sie K7.
- Kopieren Sie KV7 im Klassensatz.
- Die Schüler lesen die Wörter und verlängern sie, um den Doppelkonsonanten hörbar zu machen. Die Wörter werden anschließend aufgeschrieben.

K7   Wörter mit Doppelkonsonanten verlängern

Aufgabe:

Verlängere einsilbige Wörter. So hörst du den Doppelkonsonanten beim Silbensprechen.

1. Lies die Wörter.
2. Verlängere die Wörter und schreibe sie getrennt auf.

   dünn ⟶ dün-ne

Sortiere die Wörter nun in die Tabelle. Findest du noch weitere Beispiele?

Kompetenzbaustein 1: Phonologisches und silbisches Prinzip nutzen

KV7 Wörter mit Doppelkonsonanten verlängern

dünn	_____	rennt	_____
Stamm	_____	kommt	_____
voll	_____	trifft	_____
Kamm	_____	Schiff	_____
schnell	_____	brennt	_____
still	_____	Bett	_____

KV7 Wörter mit Doppelkonsonanten verlängern

dünn	_____	rennt	_____
Stamm	_____	kommt	_____
voll	_____	trifft	_____
Kamm	_____	Schiff	_____
schnell	_____	brennt	_____
still	_____	Bett	_____
kläfft	_____	dumm	_____
Schritt	_____	krumm	_____
schnappt	_____	hell	_____

Kompetenzbaustein 1: Phonologisches und silbisches Prinzip nutzen

KV7 Wörter mit Doppelkonsonanten verlängern

Nomen		Verben		Adjektive	
das Bett	→ die Betten	kommt	→ kommen	dünn	→ das dünne Kind

Kompetenzbaustein 1: Phonologisches und silbisches Prinzip nutzen

8. Methode: Wörter mit tz schreiben

Kompetenzerwartungen:
- Silbensprechen als Strategie anwenden
- kurz gesprochene Vokale erkennen
- Wörter mit tz richtig schreiben
- geschriebene Wörter selbstständig kontrollieren

Material:
- K8
- KV8
- Plakat
- dicke Filzstifte

Vorbereitung und Einsatz:
- Kopieren und laminieren Sie K8.
- Kopieren Sie KV8 im Klassensatz.
- Die Schüler lesen die Wörter und entscheiden, ob sie z oder tz einsetzen. Anschließend vergleichen sie ihr Ergebnis mit einem Partner. In der Anwendung schreiben sie alle tz-Wörter getrennt auf ein großes Plakat.

K8 Wörter mit tz schreiben

Aufgabe:

> Nach einem kurzen Vokal steht nicht zz, sondern tz. Das tz hörst du beim Trennen.

1. Lies die Wörter.
2. Entscheide, **z** oder **tz** und ergänze die Lücken.
3. Vergleiche dein Ergebnis mit einem Partner.

Schreibt alle Wörter mit tz getrennt auf ein großes Plakat.
Verwendet dicke farbige Filzstifte. Achtung: Einsilbige Wörter musst du verlängern!
Beispiel: Kat - ze
Bestimmt findet ihr noch weitere Beispiele.

Kompetenzbaustein 1: Phonologisches und silbisches Prinzip nutzen

KV8 Wörter mit tz schreiben

der Spi___er   die Schnau___e

die Ka___e   der Pel___

der Kran___   kur___

die Hei___ung   pflan___en   die Medi___in

das Hol___   fli___en   die Wur___el

schmel___en   schmu___ig   der Spa___

die Spri___e   pu___en

KV8 Wörter mit tz schreiben

der Spi___er   die Schnau___e

die Ka___e   der Pel___   pu___en

der Kran___   kur___   die Hei___ung

pflan___en   die Medi___in   das Hol___

fli___en   die Wur___el   schmel___en

schmu___ig   der Spa___   die Spri___e

Kompetenzbaustein 1: Phonologisches und silbisches Prinzip nutzen

9. Methode: Wörter mit ck schreiben

Kompetenzerwartungen:
- kurz gesprochene Vokale erkennen
- Wörter mit ck richtig schreiben
- geschriebene Wörter selbstständig kontrollieren

Material:
- K9
- KV9
- Würfel
- wasserlöslicher Stift
- Auftragskarte
- Block

Vorbereitung und Einsatz:
- Kopieren und laminieren Sie K9.
- Kopieren, laminieren und zerschneiden Sie KV9.
- Die Schüler lesen zuerst alle Wörter und tragen ck oder k ein. Es empfiehlt sich, eine Kontrollliste zur Selbstkorrektur anzufertigen. Sind alle Karten ausgefüllt, beginnen die Schüler mit dem Würfelspiel und üben die Wörter. Es führen jeweils beide Kinder den erwürfelten Auftrag aus.

K9   Wörter mit ck schreiben

Aufgabe:

Nach einem kurzen Vokal steht nicht kk, sondern ck.

1. Lies die Wörter.
2. Entscheide **ck** oder **k**? Setze ein.
3. Übe die Wörter im Würfelspiel mit einem Partner.
4. Schreibt die Wörter nach eurem Auftrag auf den Block.

Sucht euch weitere Wörter mit **ck** und **k** in der Wortmitte. Übt sie mit dem Würfelspiel.

KV9 Wörter mit ck schreiben

das Glü____	ba____en	die Mü____e
der Schin____en	der We____er	der An____er
die Wol____e	der Schmu____	die Brü____e
pa____en	das Pa____et	der Quar____
wa____eln	kran____	die De____e
der Kor____en	die He____e	verste____en
kna____en	die Lo____en	das Kü____en

KV9 Wörter mit ck schreiben

das Glü____	ba____en	die Mü____e
der Schin____en	der We____er	der An____er
die Wol____e	der Schmu____	die Brü____e
pa____en	das Pa____et	der Quar____
wa____eln	kran____	die De____e
der Kor____en	die He____e	verste____en
kna____en	die Lo____en	das Kü____en

Kompetenzbaustein 1: Phonologisches und silbisches Prinzip nutzen

KV9 Wörter mit ck schreiben (Auftragskarte)

⚀ Schreibe alle Verben auf.

_____

_____

⚁ Schreibe alle einsilbigen Wörter auf.

_____

_____

_____

⚂ Schreibe die Nomen mit ck auf. Markiere den kurzen Vokal.

_____

_____

⚃ Schreibe alle Nomen mit **k** in der Einzahl und in der Mehrzahl auf.

_____

_____

_____

⚄ Suche zu einem Wort möglichst viele verwandte Wörter.

_____

_____

_____

⚅ Schreibe fünf Wörter japanisch auf. Zum Beispiel:

K
O
R
K
E
N

Kompetenzbaustein 1: Phonologisches und silbisches Prinzip nutzen

10. Methode: Wörter mit tz und ck trennen

Kompetenzerwartungen:
- Wörter mit tz und ck am Zeilenende richtig trennen
- Trennung am Silbengelenk bei Wörtern mit ck beachten
- Konsonantenhäufung erkennen und Trennregeln richtig anwenden.

Material:
- K10
- KV10

Vorbereitung und Einsatz:
- Kopieren und laminieren Sie K10.
- Die Schüler lesen die Wörter und trennen sie mit Strichen ab. Dabei sollen sie die Trennregeln (KV2 Plakat) beachten. Sie können eine Lösungskarte zur Selbstkontrolle anbieten. In der Anwendung suchen sie weitere Wörter mit tz und ck und trennen diese mündlich.

Lösung:
He-cken-sche-re, Lo-cken-stab, Spat-zen-nest, Pu-del-müt-ze, Wa-ckel-pud-ding, Putz-lap-pen, Glücks-brin-ger, Mü-cken-schwarm, Back-stu-be, Satz-zei-chen, Kat-zen-so-fa, Witz-bold, Ten-nis-plät-ze, Luft-ma-trat-ze, Schne-cken-haus

---

K10 Wörter mit tz und ck trennen

Aufgabe:

1. Lies die Wörter.
2. Schreibe sie mit Trennstrichen auf.
3. Beachte dabei die Trennregeln (KV2 Plakat).

Sprich deutlich und beachte die Trennregeln.

Suche weitere Wörter mit **tz** und **ck**.
Sprich sie getrennt.
Dein Partner kontrolliert.

Kompetenzbaustein 1: Phonologisches und silbisches Prinzip nutzen

KV10 Wörter mit tz und ck trennen

Spa**tz**ennest	He**ck**enschere	Lo**ck**enstab
Pudelmü**tz**e	Wa**ck**elpudding	Pu**tz**lappen
Glü**ck**sbringer	Mü**ck**enschwarm	Ba**ck**stube
Sa**tz**zeichen	Ka**tz**ensofa	Wi**tz**bold
Tennisplä**tz**e	Luftmatra**tz**e	Schne**ck**enhaus

KV10 Wörter mit tz und ck trennen

Heckenschere	Lockenstab	Spatzennest
Pudelmütze	Wackelpudding	Putzlappen
Glücksbringer	Mückenschwarm	Backstube
Satzzeichen	Katzensofa	Witzbold
Tennisplätze	Luftmatratze	Schneckenhaus

Kompetenzbaustein 1: Phonologisches und silbisches Prinzip nutzen

11. Methode: Wörter mit ie schreiben

Kompetenzerwartungen:
- Wörter nach Silben zerlegen
- das ie am Ende einer Silbe erkennen
- Wörter mit ie richtig schreiben

Material:
- K11
- KV11

Vorbereitung und Einsatz:
- Kopieren und laminieren Sie K11.
- Kopieren, laminieren und zerschneiden Sie KV11.
- Die Schüler sprechen die Wörter nach Silben und entscheiden, ob das i lang oder kurz ist. Sie tragen das jeweilige Symbol ein. Anschließend schreiben sie die Wörter nach Silben auf. Das ie steht immer am Ende der Silbe. Somit erfolgt entsprechend eine Selbstkontrolle. In der Anwendung suchen die Schüler weitere Wörter mit ie.

K11 Wörter mit ie schreiben

Aufgabe:

> Wenn du am Ende einer Silbe ein langes i hörst, schreibst du meist ie.

1. Sprich die Wörter nach Silben.
2. Hörst du ein **i** oder ein langes **ie**?
   Trage in die Kästchen ein • bei kurzem **i**
   und – bei langem **ie** ein.
3. Schreibe die Wörter nach Silben auf.
4. Kontrolliere! Das ie steht immer am Ende der Silbe.

Schreibe mit allen **ie**-Wörtern einen Satz auf deinen Block.

Kompetenzbaustein 1: Phonologisches und silbisches Prinzip nutzen

KV11 Wörter mit ie schreiben

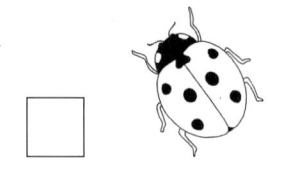

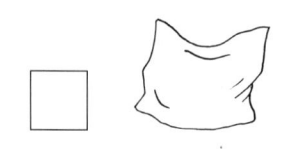

☐ der M_____   ☐ das K_____   ☐ die B_____

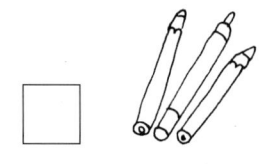

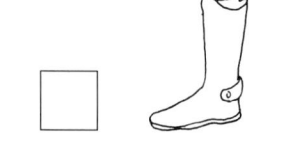

☐ die S_____   ☐ der St_____ ☐ die W_____

☐ der Sp_____ ☐ der P_____   ☐ die Z_____

KV11 Wörter mit ie schreiben

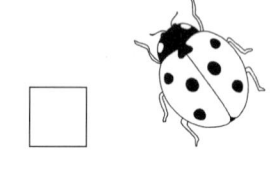

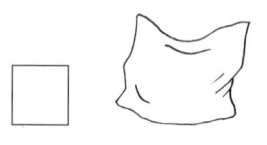

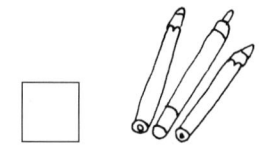

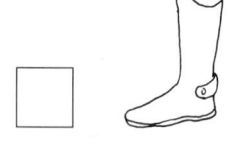

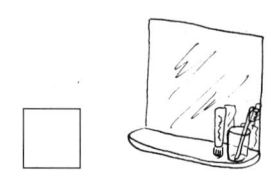

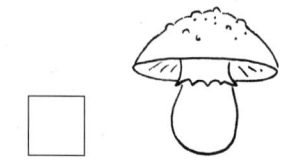

☐ _____   ☐ _____   ☐ _____

☐ _____   ☐ _____   ☐ _____

☐ _____   ☐ _____   ☐ _____

Kompetenzbaustein 1: Phonologisches und silbisches Prinzip nutzen

12. Methode: Nomen großschreiben

Kompetenzerwartungen:
- Strategien zum Erkennen von Nomen anwenden
- Nomen großschreiben
- Wörter selbstständig kontrollieren

Material:
- K12
- KV12
- wasserlöslicher Stift
- Block
- Plakat
- dicke, bunte Filzstifte

Vorbereitung und Einsatz:
- Kopieren und laminieren Sie K12.
- Kopieren, laminieren und zerschneiden Sie KV12 im Klassensatz.
- Die Schüler lesen die Sätze. Sie üben das Erkennen von Nomen, indem sie Begleiter davor setzen und/oder die Einzahl und Mehrzahl bilden. Anschließend schreiben Sie die Sätze richtig ab und unterstreichen die Nomen.

K12 Nomen großschreiben

> Nomen haben einen **Begleiter**. Nomen kannst du meist auch in die **Einzahl** und in die **Mehrzahl** setzen.

Aufgabe:
1. Lies die Sätze.
   Welche Wörter sind Nomen?
2. Führe nun den Nomen-Check durch.
   Begleiter? Einzahl? Mehrzahl?
3. Verbessere die falsche Schreibweise.
4. Schreibe die Sätze richtig ab. Markiere die Nomen.
5. Vergleiche dein Ergebnis mit einem Partner.

Sucht im Wörterbuch weitere Nomen.
Schreibt sie in der Einzahl und in der
Mehrzahl mit Begleiter auf ein großes Plakat.
Verwendet farbige dicke Filzstifte.

Kompetenzbaustein 2: Morphologisches Prinzip nutzen

KV12 Nomen großschreiben

Tipp: Denke auch an die Großschreibung am Satzanfang!

Rund ums Essen

mandarinen kann man im winter kaufen.
gurken, karotten und tomaten schmecken lecker.
erdbeeren und äpfel sind sehr gesund.
viele kinder lieben süßspeisen, wie zum beispiel pfannkuchen.
aber man muss auch nudeln, reis und kartoffeln essen.
am wichtigsten ist es, ausreichend wasser zu trinken.
fisch und fleisch sollten auf dem speiseplan nicht fehlen.
bestimmt hast du eine lieblingsspeise.

KV12 Nomen großschreiben

Tipp: Denke auch an die Großschreibung am Satzanfang!

Rund ums Essen

mandarinen kann man im winter kaufen. gurken, karotten und tomaten schmecken im sommer besonders lecker. erdbeeren und äpfel sind sehr gesund. viele kinder lieben süßspeisen, wie zum beispiel pfannkuchen. aber man muss auch nudeln, reis und kartoffeln essen. am wichtigsten ist es, ausreichend wasser zu trinken. fisch und fleisch sollten auf dem speiseplan nicht fehlen. bestimmt hast du eine lieblingsspeise, die es jeden tag geben sollte.

13. Methode: Adjektive erkennen

Kompetenzerwartungen:
- Adjektive als Wortart erkennen
- die Wortbausteine -ig und -lich als Erkennungsmerkmal nutzen
- Wörter richtig aufschreiben

Material:
- K13
- KV13
- Block

Vorbereitung und Einsatz:
- Kopieren und laminieren Sie K13.
- Kopieren Sie KV13 im Klassensatz.
- Die Schüler lesen die Wörter. Sie suchen verwandte Wörter und malen diese in der gleichen Farbe an. Anschließend schreiben sie die Wortpaare auf und vergleichen ihre Ergebnisse mit dem Partner.

K13 Adjektive erkennen

Aufgabe:

Mit den Wortbausteinen -ig und -lich werden aus Nomen Adjektive.

1. Lies die Wörter.
2. Suche verwandte Wörter.
   Male sie in der gleichen Farbe an.
3. Schreibe die Wortpaare auf.
   Beispiel: Herz – herzlich
4. Vergleiche mit deinem Partner.

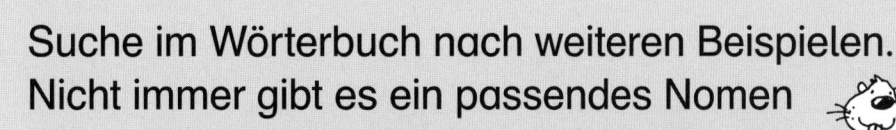

Suche im Wörterbuch nach weiteren Beispielen. Nicht immer gibt es ein passendes Nomen dazu. Schreibt die Wörter auf. Markiere die Wortbausteine. Beispiel: lust|ig|, heim|lich|

Kompetenzbaustein 2: Morphologisches Prinzip nutzen

KV13 Adjektive erkennen

Herz	 Mehl	Nacht	königlich
Staub	Schmutz	Gewitter	gewittrig
mehlig	 Haus	herzlich	nächtlich
König	staubig	schmutzig	häuslich
Freund	Gefahr	schattig	Schaden
schädlich	Schatten	freundlich	gefährlich

KV13 Adjektive erkennen

Achtung: Nomen schreibst du groß!

herz	mehl	nacht	königlich
staub	schmutz	gewitter	gewittrig
mehlig	 haus	herzlich	nächtlich
könig	staubig	schmutzig	häuslich
freund	gefahr	schattig	schaden
schädlich	schatten	freundlich	gefährlich

Kompetenzbaustein 2: Morphologisches Prinzip nutzen

14. Methode: Nomen mit -ung, -heit- und -keit bilden

Kompetenzerwartungen:
- Wortbausteine zur Bildung von Nomen nutzen
- aus Adjektiven und Verben Nomen bilden
- Großschreibung von Nomen anwenden

Material:
- K14
- KV14
- Block

Vorbereitung und Einsatz:
- Kopieren und laminieren Sie K14.
- Kopieren Sie KV14 im Klassensatz.
- Die Schüler bilden aus Verben und Adjektiven mithilfe von Wortbausteinen Nomen. Sie schreiben die Nomen mit Begleiter auf und sortieren sie anschließend in der Anwendung in eine Tabelle.

K14 Nomen mit -ung, -heit- und -keit bilden

> An den Wortbausteinen **-ung**, **-heit** und **-keit** erkennst du Nomen.

Aufgabe:

1. Lies die Wörter.
2. Bilde mit den Wortbausteinen Nomen.
3. Schreibe die Nomen mit Begleiter auf.
4. Kontrolliere mit dem Wörterbuch.

Schreibe die Wortpaare (Nomen mit Artikel) in die richtige Spalte der Tabelle.
Findest du noch weitere Beispiele?
Ergänze.

Kompetenzbaustein 2: Morphologisches Prinzip nutzen

KV14 Nomen mit -ung, -heit- und -keit bilden

- krank
- heiter
- biegen
- krank
- verschmutzen
- dumm
- neu
- führen
- langsam
- erholen
- blind
- ähnlich
- frei

-ung   -heit   -keit

_____
_____
_____
_____
_____
_____
_____

Kompetenzbaustein 2: Morphologisches Prinzip nutzen

KV14 Nomen mit -ung, -heit- und -keit bilden

krank, heiter, biegen, ehrlich, verschmutzen, dumm, neu, führen, langsam, erholen, blind, ähnlich, frei, frech, heizen, erwarten, impfen, sammeln, fröhlich, schwierig, gemütlich

-ung   -heit   -keit

_____
_____
_____
_____
_____
_____

KV14 Nomen mit -ung, -heit- und -keit bilden (Tabelle)

Verb + *ung* = Nomen	Adjektiv + *heit* = Nomen	Adjektiv + *keit* = Nomen

15. Methode: Verwandte Wörter erkennen

Kompetenzerwartungen:
- Wortstamm erkennen
- Wörter einer Wortfamilie erkennen

Material:
- K15
- KV15

Vorbereitung und Einsatz:
- Kopieren und laminieren Sie K15.
- Kopieren Sie KV15 im Klassensatz.
- Die Schüler lesen die Wörter und kreisen zusammengehörende Wörter einer Wortfamilie in der gleichen Farbe ein. Sie unterstreichen jeweils den Wortstamm. Anschließend schreiben sie die Wörter einer Wortfamilie in die passende Tabellenspalte. Zur Anwendung spielen die Kinder mit dem Partner oder der Gruppe. Sie nennen abwechselnd ein Wort aus der gleichen Wortfamilie. Die Runde verloren hat das Kind, dem kein passendes Wort mehr einfällt.

K15 Verwandte Wörter erkennen

> Wörter mit demselben Wortstamm gehören zu einer Wortfamilie. Rechtschreibbesonderheiten im Wortstamm bleiben oft bestehen.

Aufgabe:

1. Lies die Wörter.
2. Male zusammengehörige Wörter in der gleichen Farbe an.
3. Unterstreiche den Wortstamm.
4. Schreibe die Wörter zu einer Wortfamilie auf.
   Schreibe so: spiel   Spiel   spielen   Spielplatz

Wählt einen Wortstamm und sagt abwechselnd ein passendes Wort aus der Wortfamilie. Wem kein passendes Wort mehr einfällt, hat die Runde verloren.

Kompetenzbaustein 2: Morphologisches Prinzip nutzen

KV15 Verwandte Wörter erkennen

Wohnwagen	Mitgefühl	abgezählt	bezahlen
wohnen	einfühlsam	Schlafzimmer	abkaufen
einschlafen	Decke	wohnen	Packung
knackig	Schlussverkauf	verzählt	abstecken
Feingefühl	knackfrisch	schläfrig	fühlen
Wohnort	Verpackung	bezahlen	zudecken
Schlafsack	eingepackt	einschlafen	anstecken
Versteck	ungewohnt	Kaufhaus	aufknacken
Zähler	Deckel	unverkäuflich	kaufen

KV15 Verwandte Wörter erkennen

Wohnwagen	Mitgefühl	abgezählt	bezahlen	wohnen
einfühlsam	Schlafzimmer	abkaufen	einschlafen	Decke
wohnen	Packung	knackig	Schlussverkauf	verzählt
abstecken	Feingefühl	knackfrisch	schläfrig	fühlen
Wohnort	Verpackung	bezahlen	zudecken	Schlafsack
eingepackt	einschlafen	anstecken	Versteck	ungewohnt
Kaufhaus	aufknacken	Zähler	Deckel	unverkäuflich
Wohnzimmer	Schlafmütze	verkäuflich	Einkauf	Fühler
verzählen	Stecker	Auszahlung	Mitbewohner	Mittagsschlaf
Abdeckung	Kaufvertrag	Steckdose	bedeckt	kaufen

Kompetenzbaustein 2: Morphologisches Prinzip nutzen

16. Methode: Wörter mit ä und äu erkennen

Kompetenzerwartungen:
- Wörter mit Umlauten erkennen und schreiben
- Schreibweise vom Wortstamm ableiten

Material:
- K6
- KV16

Vorbereitung und Einsatz:
- Kopieren und laminieren Sie K16.
- Kopieren Sie KV16 im Klassensatz.
- Die Schüler ziehen eine Karte und überlegen, ob das dargestellte Wort mit Ä/ä oder Äu/äu geschrieben wird. Sie erstellen eine Wörterliste und tragen die Wörter mit Ä/ä und Äu/äu ein. Zur Anwendung finden die Schüler weitere Beispiele im Wörterbuch und ergänzen diese in der Wörterliste.

K16   Wörter mit ä und äu erkennen

Ob man ein Wort mit Ä/ä oder Äu/äu schreibt, kannst du häufig vom Wortstamm ableiten.

Aufgabe:

1. Ziehe eine Karte.
2. Überlege, welches Wort gesucht ist und ob man es mit **Ä/ä** oder **Äu/äu** schreibt.
3. Schreibe Wörter mit **Ä/ä** und **Äu/äu** auf. Schreibe so:

Wörter mit **ä**   Wörter mit **äu**
Hände (→ Hand)   Bäume (→ Baum)

Sucht im Wörterbuch nach weiteren Beispielen für Wörter mit **Ä/ä** und **Äu/äu** und ergänzt die Wörterliste.

Kompetenzbaustein 2: Morphologisches Prinzip nutzen

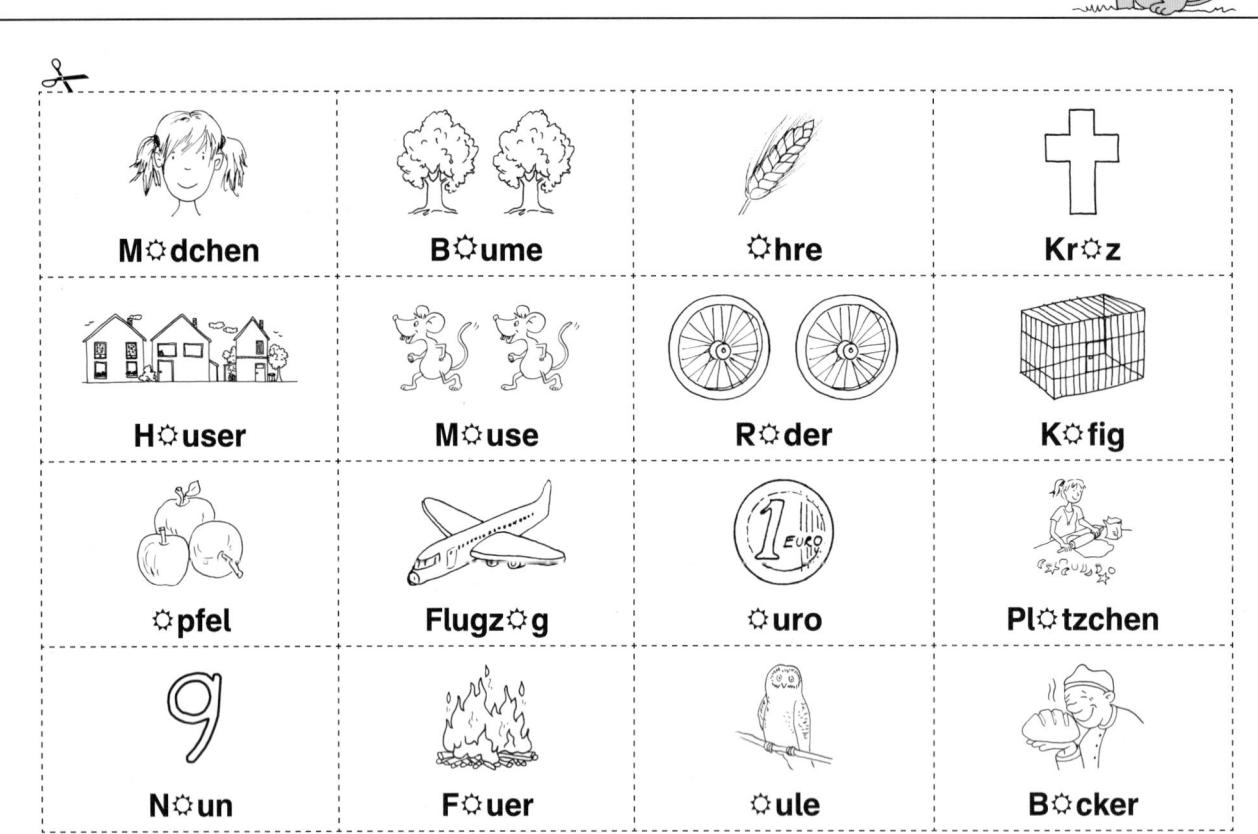

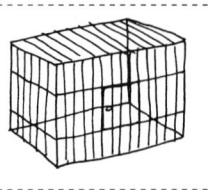

KV16 Wörter mit ä und äu erkennen

Mädchen	Bäume	Ähre	Kreuz
Häuser	Mäuse	Räder	Käfig
Äpfel	Flugzeug	Euro	Plätzchen
Neun	Feuer	Eule	Bäcker

KV16 Wörter mit ä und äu erkennen

17. Methode: Auslaute erkennen

Kompetenzerwartungen:
- Auslautverhärtungen erkennen und richtig schreiben
- Wortstämme in Wörtern erkennen
- Verlängern als Rechtschreibstrategie anwenden

Material:
- K17
- KV17

Vorbereitung und Einsatz:
- Kopieren und laminieren Sie K17.
- Kopieren Sie KV17 im Klassensatz.
- Die Schüler sollen zunächst die Bedeutung der Wörter erkennen. Anschließend finden sie durch Verlängern der Wörter den verdeckten Buchstaben und schreiben das Wort mit der richtigen Schreibweise in die Tabelle. Zur Anwendung lesen sich die Schüler abwechselnd Wörter aus der Tabelle vor und sie begründen, wie diese geschrieben werden.

K17 Auslaute erkennen

> Wenn du Wörter verlängerst, kannst du hören, wie der Auslaut geschrieben wird.

Aufgabe:

1. Überlege welche Wörter gesucht sind.
2. Verlängere die Wörter, um die richtige Schreibweise herauszufinden.
3. Schreibe die Wörter in die Tabelle und markiere den Auslaut
4. Schreibe die passende Begründung dazu.

Beispiel: Ta🪨 Tag → die Tage

Ein Partner liest ein Wort aus der Tabelle vor. Der andere Partner erklärt, wie das Wort geschrieben wird.

Kompetenzbaustein 2: Morphologisches Prinzip nutzen

KV17 Auslaute erkennen

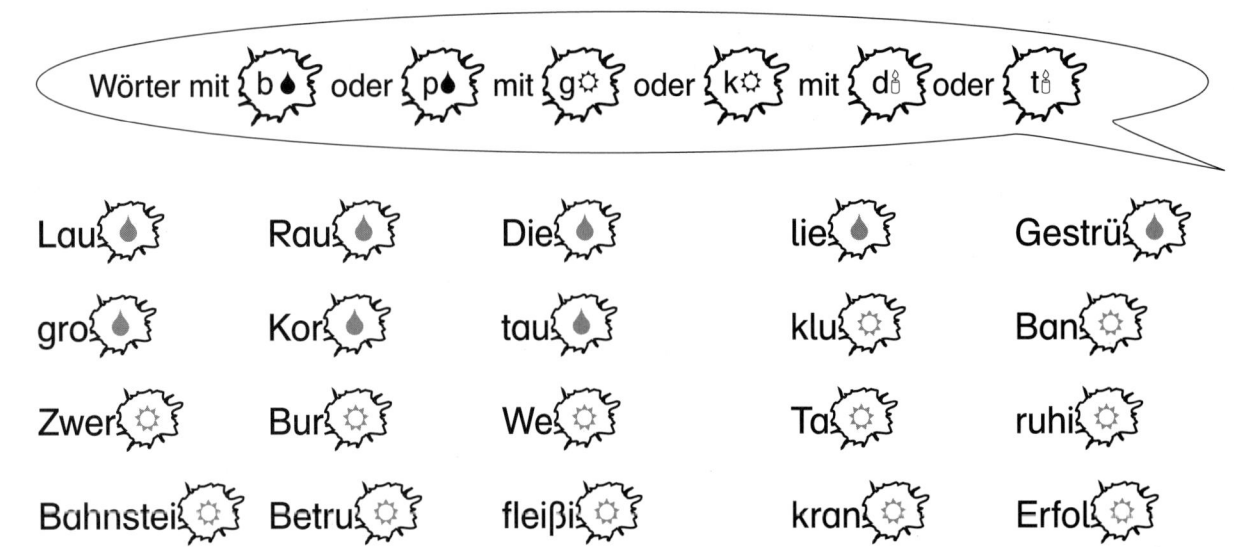

Wörter mit b oder p, mit g oder k, mit d oder t

Lau_	Rau_	Die_	lie_	Gestrü_
gro_	Kor_	tau_	klu_	Ban_
Zwer_	Bur_	We_	Ta_	ruhi_
Bahnstei_	Betru_	fleißi_	kran_	Erfol_
Ban_	Hun_	Win_	Lan_	lau_

Wort	Begründung	Wort	Begründung
Tag	die Tage		

Kompetenzbaustein 2: Morphologisches Prinzip nutzen

KV17   Auslaute erkennen

Wörter mit **b** oder **p** mit **g** oder **k** mit **d** oder **t**

tau_	Hun_	Die_	lie_	Gestrü_
klu_	Zwer_	Bur_	We_	bekann_
Ta_	ruhi_	Bahnstei_	Betru_	fleißi_
kran_	Erfol_	lau_	er geh_	Kor_
Ban_	tra_bar	Han_	wun_	bun_
Ban_rau_	er sieh_	Kin_	Win_	Lan_

Wort	Begründung
Ta**g**	die Ta**g**e

Wort	Begründung

Kompetenzbaustein 2: Morphologisches Prinzip nutzen

18. Methode: Groß- und Kleinschreibung beachten

Kompetenzerwartungen:
- Satz als Sinneinheit erkennen
- Nomen erkennen
- Großschreibung am Satzanfang und bei Nomen anwenden

Material:
- K18
- KV18
- weitere Texte

Vorbereitung und Einsatz:
- Kopieren und laminieren Sie K18.
- Kopieren Sie KV18 im Klassensatz.
- Als Erstes lesen die Schüler den Text und sie ergänzen passende Satzschlusszeichen. Anschließend überlegen die Schüler, welche Wörter großgeschrieben werden müssen. Sie begründen ihre Entscheidung, indem sie diese Wörter in der entsprechenden Farbe unterstreichen. Zum Schluss schreiben sie den Text mit der richtigen Groß- und Kleinschreibung ab. Zur Anwendung lesen die Schüler in Partnerarbeit einen vorgegebenen oder selbst gesuchten Text. Sie begründen dabei jeweils abwechselnd, warum darin Wörter großgeschrieben werden.

K18 Groß- und Kleinschreibung beachten

Den Satzanfang und Nomen schreiben wir immer groß!

Aufgabe:

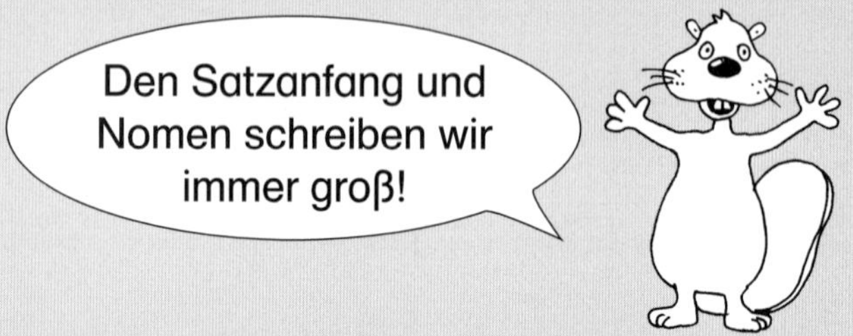

1. Lies die Sätze.
2. Ergänze am Satzende ein passendes Satzschlusszeichen.
3. Unterstreiche Wörter die großgeschrieben werden in der passenden Farbe:

   Nomen = blau   Satzanfang = grün

4. Schreibe die Sätze fehlerfrei ab.

Lies mit einem Partner einen anderen Text. Findet abwechselnd alle Wörter die groß geschrieben werden und nennt eine passende Begründung.

KV18 Groß- und Kleinschreibung beachten

Trage die passenden Satzschlusszeichen in die Kästchen ein.

jeden sonntag steht familie maier schon um acht uhr auf ☐ gemeinsam gehen lisa und jan mit dem vater zum bäcker an der straßenecke ☐ kennt die verkäuferin ihre wünsche schon ☐ sie weiß genau wie viele semmeln die maiers brauchen ☐ an manchen tagen schenkt sie den geschwistern ein paar süßigkeiten ☐ geben die kinder ihrem papa vielleicht etwas süßes ab ☐

KV18 Groß- und Kleinschreibung beachten

Trage die passenden Satzschlusszeichen in die Kästchen ein.

jeden sonntag steht familie maier schon um acht uhr auf als erstes ziehen sie ihre jacken und straßenschuhe an gemeinsam gehen lisa und jan mit dem vater zum bäcker an der straßenecke und zum supermarkt am dorfplatz kennt die verkäuferin ihre wünsche schon sie weiß genau wie viele semmeln die maiers brauchen an manchen tagen schenkt sie den geschwistern ein paar süßigkeiten geben die kinder ihrem papa vielleicht etwas süßes ab heben sie für die Mutter etwas auf

19. Methode: Adjektive steigern

Kompetenzerwartungen:
- Adjektive erkennen
- Adjektive steigern und die Steigerungsformen kennen

Material:
- K19
- KV19

Vorbereitung und Einsatz:
- Kopieren und laminieren Sie K19.
- Kopieren Sie KV19 im Klassensatz.
- Die Schüler schreiben zunächst eine passende Vergleichsform zu den Bildern. Anschließend ergänzen sie einen Satz mit der Höchstform des jeweiligen Adjektivs. In der Anwendung finden die Schüler zunächst durch Steigern die Adjektive und markieren diese. Anschließend übertragen sie die Wörter in die Tabelle und schreiben die entsprechenden Steigerungsformen dazu.

K19 Adjektive steigern

Aufgabe:

> Adjektive kann man steigern. Die erste Steigerung heißt Höherform, die zweite heißt Höchstform.

1. Schreibe zu den Bildern die passende Höherform.
2. Ergänze einen Satz mit der Höchstform.

Beispiel:

langsam    langsamer

„Frida ist **die langsamste** Schnecke der Welt."

Markiere alle Adjektive. Du erkennst sie, indem du die Wörter steigerst.
Schreibe die Adjektive mit den passenden Steigerungsformen in die Tabelle.

Kompetenzbaustein 3: Grammatisches Prinzip nutzen

KV19 Adjektive steigern

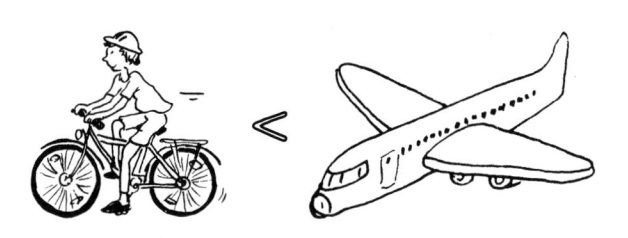

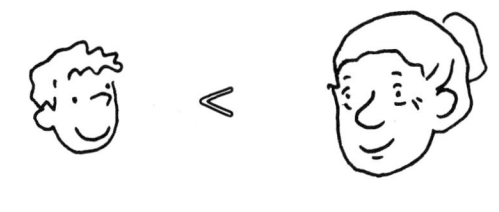

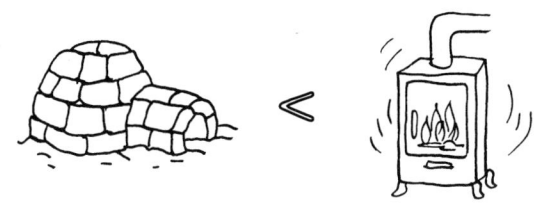

klein → größer

Lösung

klein   groß   leicht   schwer   leise   langsam   warm   kalt
jung   alt   laut   schnell

Schreibe die Sätze richtig auf. Setze ein.

Der Mount Everest ist der _____ Berg auf der Erde.

Der Elefant ist das _____ Lebewesen an Land.

Der Gepard ist das _____ Tier der Welt.

Rapunzel hatte die _____ Haare von allen Prinzessinnen.

KV19 Adjektive steigern

klein → größer

___

___

___

___

___

___

Schreibe die Sätze richtig auf. Steigere das Adjektiv.

Mount Everest – Berg – Erde.

___

Elefant – Lebewesen – an Land.

___

Gepard – Tier – Welt.

___

Rapunzel – Haare – Prinzessinen.

KV19 Adjektive steigern

laut	Haus	jung	groß	laut
malen	genau	lesen	schlau	Lehrer
schön	breit	der	dumm	Hund
nett	Bus	lieb	Liebe	alt

	Grundform	Höherform	Höchstform
1	weit	weiter	am weitesten
2			
3			
4			
5			
6			
7			
8			
9			
10			
11			
12			

20. Methode: Unregelmäßige Wortformen richtig schreiben

Kompetenzerwartungen:
- flektierbare Wörter richtig schreiben
- inneres Mitsprechen anwenden

Material:
- K20
- KV20

Vorbereitung und Einsatz:
- Kopieren und laminieren Sie K20.
- Kopieren Sie KV20 im Klassensatz.
- Die Schüler lesen den Text und fügen die passende Wortform in die Lücken ein. Anschließend vergleichen sie ihre Ergebnisse mit einem Partner.

Lösung:

Alle Schüler haben ein lustiges Buch. → Auch Peter hat ein lustiges Buch. → „Welches von deinen lustigen Büchern hast du am liebsten?", fragt Opa.
u.s.w.

K20 Unregelmäßige Wortformen richtig schreiben

Aufgabe:

> Je nach dem Satzzusammenhang verändern sich manche Wörter in der Schreibweise.

1. Lies den Text und finde die passende Wortform.
2. Ergänze die Lücken und vergleiche deine Ergebnisse mit einem Partner.

Findet eigene Beispielsätze, in denen sich die Form eines Wortes verändert.

Kompetenzbaustein 3: Grammatisches Prinzip nutzen

KV20 Unregelmäßige Wortformen richtig schreiben

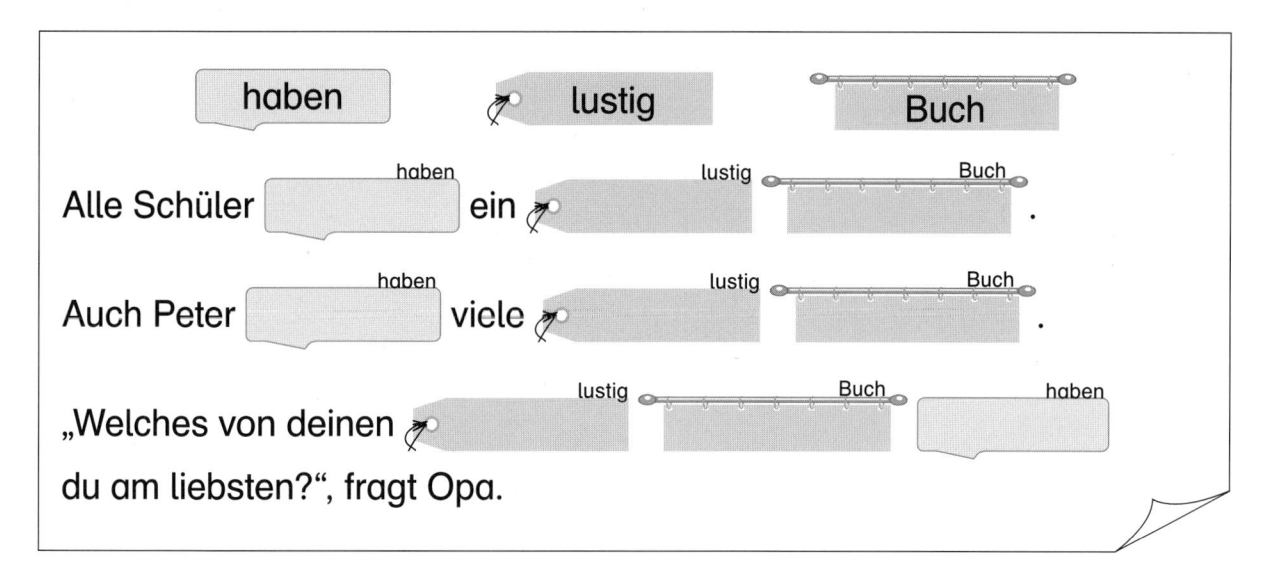

haben   **lustig**   **Buch**

Alle Schüler _haben_ ein _lustig_____ _Buch_____.

Auch Peter _haben_ viele _lustig_____ _Buch_____.

„Welches von deinen _lustig_____ _Buch_____ _haben_ du am liebsten?", fragt Opa.

essen   **süß**   **Apfel**

Die Kinder _essen_ einen _Apfel_____. Er schmeckt _süß_.

Gustav _essen_ gleich zwei _süß_____ _Apfel_____.

„Darf ich einen von deinen _süß_____ _Apfel_____ _essen_?", fragt Lisa.

basteln   **klein**   **Hut**

In Kunst _basteln_ die Kinder _klein_____ _Hut_____.

Marion _basteln_ einen besonders _klein_____ _Hut_____.

Vielleicht _basteln_ du ja einen noch _klein_____ _Hut_____?

Kompetenzbaustein 3: Grammatisches Prinzip nutzen

KV20 Unregelmäßige Wortformen richtig schreiben

haben — **lustig** — **Buch**

Alle Schüler _____ (haben) ein _____ (lustig) _____ (Buch).

Auch Peter _____ (haben) viele _____ (lustig) _____ (Buch).

„Welches von deinen _____ (lustig) _____ (Buch) _____ (haben) du am liebsten?", fragt Opa.

essen — **süß** — **Apfel**

Die Kinder _____ (essen) einen _____ (Apfel). Er schmeckt _____ (süß).

Gustav _____ (essen) gleich zwei _____ (süß) _____ (Apfel).

„Darf ich einen von deinen _____ (süß) _____ (Apfel) _____ (essen)?", fragt Lisa.

basteln — **klein** — **Hut**

In Kunst _____ (basteln) die Kinder _____ (klein) _____ (Hut).

Marion _____ (basteln) einen besonders _____ (klein) _____ (Hut).

Vielleicht _____ (basteln) du ja einen noch _____ (klein) _____ (Hut)?

laufen — **lang** — **Weg**

Die Wanderer _____ (laufen) oft _____ (lang) _____ (Weg).

Ihr _____ (lang) _____ (Weg) ist viele Kilometer _____ (lang).

Nur abseits des _____ (Weg) wird nicht _____ (laufen), weil man da _____ (lang) nicht sicher _____ (laufen).

Kompetenzbaustein 3: Grammatisches Prinzip nutzen

21. Methode: Wörter mit Dehnungs-h schreiben

Kompetenzerwartungen:
- Wörter mit Dehnungs-h als Merkwörter erkennen
- lang gesprochenen Vokal vor dem Dehnungs-h erkennen
- Wörter mit Dehnungs-h fehlerfrei schreiben

Material:
- K21
- KV21
- Block
- Wörterbücher

Vorbereitung und Einsatz:
- Kopieren und laminieren Sie K21.
- Kopieren Sie KV21 im Klassensatz.
- Die Schüler lesen die Wörter und suchen Wörter einer Wortfamilie. Sie markieren diese in einer Farbe. Bei der leichteren Variante ist der Wortstamm markiert. Anschließend schreiben sie zu jeder Wortfamilie zwei Sätze auf, die ein Partnerkind kontrolliert. In der Anwendung suchen sie weitere Wörter mit Dehnungs-h und bilden Wortfamilien.

K21 Wörter mit Dehnungs- h schreiben

> Das Dehnungs-h dehnt einen Vokal. Du kannst es nicht hören. Deshalb musst du dir die Wörter gut merken.

Aufgabe:

1. Lies die Wörter laut und deutlich.
2. Male die Wörter einer Wortfamilie in der gleichen Farbe an.
3. Schreibe zu jeder Wortfamilie zwei Sätze auf. Markiere das Dehnungs-h. Dein Partner kontrolliert. 
4. Suche im Wörterbuch weitere Wörter mit Dehnungs-h. Bilde Sätze und schreibe sie auf.

Kompetenzbaustein 4: Wörter mit nicht regelhaften Rechtschreibbesonderheiten schreiben

KV21 Wörter mit Dehnungs-h schreiben

fahren	verfahren	Fahrbahn
Einwohner	belehren	Wohnung
Vorfahrt	wohnen	Lehrer
lehren	Gefühl	anfühlen
Wohnhaus	Fahrrad	wohnhaft
lehrreich	befühlen	gefühlvoll
anfahren	Bewohner	Autofahrt
bewohnen	einfühlsam	Lehre
fühlen	befahrbar	Wohnwagen
Lehrbuch	Lehrling	befühlen

KV21 Wörter mit Dehnungs-h schreiben

fahren	verfahren	Fahrbahn
Einwohner	belehren	Wohnung
Vorfahrt	wohnen	Lehrer
lehren	Gefühl	anfühlen
Wohnhaus	Fahrrad	wohnhaft
lehrreich	befühlen	gefühlvoll
anfahren	Bewohner	Autofahrt
bewohnen	einfühlsam	Lehre
fühlen	befahrbar	Wohnwagen
Lehrbuch	Lehrling	befühlen

Kompetenzbaustein 4: Wörter mit nicht regelhaften Rechtschreibbesonderheiten schreiben

22. Methode: Wörter mit i statt mit ie schreiben

Kompetenzerwartungen:
- Wörter mit langem i ohne ie schreiben
- Wörter mit Rechtschreibbesonderheiten richtig schreiben
- besondere Schreibweise einprägen
- Abschreibstrategien anwenden.

Material:
- K22
- KV22
- Merkplakate

Vorbereitung und Einsatz:
- Kopieren und laminieren Sie K22.
- Kopieren, laminieren und zerschneiden Sie KV22 im Klassensatz.
- Die Schüler lesen die Sätze und markieren das lang gesprochene i. Sie schreiben die Sätze anschließend im Schleichdiktat auf und markieren wieder das i. Anschließend erfolgt eine Selbstkontrolle mit der Vorlage. In der Anwendung gestalten die Schüler ein Merkplakat.

K22 Wörter mit i statt mit ie schreiben

Aufgabe:

Diese Wörter haben ein langes i, werden aber nicht als ie geschrieben. Du musst sie dir gut merken.

1. Lies die Sätze.
2. Markiere das lang gesprochene **i** farbig.
3. Schreibe die Sätze im Schleichdiktat. Denke dabei an die Abschreibtricks.
4. Kontrolliere mit der Vorlage.

Schreibe Wörter mit langem **i** auf ein großes Merkplakat.

Kompetenzbaustein 4: Wörter mit nicht regelhaften Rechtschreibbesonderheiten schreiben

KV22 Wörter mit i statt mit ie schreiben

Ich kaufe **mir** ein Eis.

Ich gehe mit **dir** ins **Kino**.

Wir haben einen **Igel** gesehen.

Krokodile und **Tiger** gibt es bei uns nur im Zoo.

Tausend Gramm sind ein **Kilo**.

Das Auge hat ein **Lid**.

Der **Biber** hat gute Zähne.

In der **Apfelsine** stecken viele **Vitamine**.

In der Fabrik gibt es große **Maschinen**.

Mama mag **Pralinen** mit **Rosinen**.

Die **Medizin** schmeckt bitter.

Papa hat viele **Termine**.

Die **Lawine** ist über die **Ruine** gerollt.

Das Auto braucht **Benzin**.

KV22 Wörter mit i statt mit ie schreiben

Ich kaufe mir ein Eis.

Ich gehe mit dir ins Kino.

Wir haben einen Igel gesehen.

Krokodile und Tiger gibt es bei uns nur im Zoo.

Tausend Gramm sind ein Kilo.

Das Auge hat ein Lid.

Der Biber hat gute Zähne.

In der Apfelsine stecken viele Vitamine.

In der Fabrik gibt es große Maschinen.

Mama mag Pralinen mit Rosinen.

Die Medizin schmeckt bitter.

Papa hat viele Termine.

Die Lawine ist über die Ruine gerollt.

Das Auto braucht Benzin.

23. Methode: Wörter mit V/v schreiben

Kompetenzerwartungen:
- Wörter des Grundwortschatzes fehlerfrei schreiben
- Wörter mit orthografischer Merkstelle V/v richtig schreiben
- besondere Schreibweisen einprägen

Material:
- K23
- KV23
- Block
- Buntstifte

Vorbereitung und Einsatz:
- Kopieren und laminieren Sie K23.
- Kopieren und zerschneiden Sie KV23.
- Die Schüler lesen die Wörter und entscheiden, ob das V wie „f" oder wie „w" klingt. Sie sortieren die Wörter entsprechend in die Tabelle.

K23 Wörter mit V/v schreiben

Aufgabe:

Wörter mit V/v musst du dir gut merken. Das V klingt manchmal wie ein „f" und manchmal wie ein „w".

1. Lies die Wörter laut.
2. Wie klingt das **V/v**?
3. Sortiere die Wörter in die Tabelle.

Schreibe jedes V/v-Wort in drei verschiedenen Farben auf.

Kompetenzbaustein 4: Wörter mit nicht regelhaften Rechtschreibbesonderheiten schreiben

KV23 Wörter mit V/v schreiben

viel Vase bravo Vogel voll vom Vampir Vulkan
Vater November vielleicht Lava vier Advent Klavier

klingt wie 🪟 „F"	klingt wie 🌷 „W"

KV23 Wörter mit V/v schreiben

viel Vase bravo Vogel voll vom Vampir Vulkan Vater
November vielleicht Lava vier Advent Ventil Klavier Venus
Vormittag Vorfahrt voll Vieh Vanille Verkehr Vokal verlieren

klingt wie 🪟 „F"	klingt wie 🌷 „W"

24. Methode: Wörter mit doppeltem Vokal finden

Kompetenzerwartungen:
- Wörter des Grundwortschatzes fehlerfrei schreiben
- Wörter mit doppeltem Vokal erkennen und schreiben
- Mit dem Wörterbuch umgehen

Material:
- K24
- KV24

Vorbereitung und Einsatz:
- Kopieren und laminieren Sie K24.
- Kopieren Sie KV24 im Klassensatz.
- Die Schüler bearbeiten zunächst das Suchrätsel und kreisen die gefundenen Wörter mit einem Doppelvokal ein. Sie übertragen diese anschließend in die Lösungsfelder und kontrollieren ihre Ergebnisse selbstständig mit dem Lösungsblatt. Zur Anwendung suchen die Schüler weitere Wörter mit Doppelvokal im Wörterbuch und übertragen diese in eine Wörterliste.

K24 Wörter mit doppeltem Vokal finden

Aufgabe:

Wörter mit doppeltem Vokal gibt es selten. Du musst sie dir gut merken.

1. Finde die Wörter mit doppeltem Vokal und kreise sie ein.
2. Schreibe die Wörter in die Lösungsfelder.
3. Kontrolliere selbstständig mit dem Lösungsblatt.

Übe die Wörter mit doppeltem Selbstlaut im Partnerdiktat.

Kompetenzbaustein 4: Wörter mit nicht regelhaften Rechtschreibbesonderheiten schreiben

KV24 Wörter mit doppeltem Vokal finden

W	U	L	K	I	C	B	W	Y	Q	P	O
P	P	H	D	J	C	E	V	I	F	A	L
O	H	V	U	R	A	E	J	M	M	A	X
K	T	E	E	R	R	R	K	B	O	R	S
N	R	U	P	J	M	E	L	K	O	B	A
L	I	D	E	E	E	B	E	A	S	W	A
Y	U	S	P	M	E	D	E	F	L	T	L
Q	W	A	A	G	E	V	X	F	P	B	D
H	Z	H	M	B	O	O	T	E	X	J	O
V	V	A	E	S	Z	O	O	E	Z	E	O
Y	D	A	E	Y	M	A	A	L	K	R	F
R	X	R	R	T	R	S	C	H	N	E	E

Diese Wörter habe ich gefunden:

_____

_____

_____

_____

KV24 Wörter mit doppeltem Vokal finden

I	V	O	I	S	N	J	N	M	F	S	M	U	N	U
Z	W	S	A	Y	V	X	L	O	A	C	U	Q	B	D
D	F	S	M	M	D	O	W	B	A	H	N	B	E	O
V	C	E	I	E	K	C	Z	O	S	N	C	T	E	O
O	V	E	M	E	K	S	A	O	S	E	Y	E	T	F
G	M	L	K	R	L	P	A	T	A	E	M	E	J	X
V	Z	E	G	Z	E	E	L	D	A	Z	L	R	L	J
C	A	R	R	O	E	E	T	M	L	T	U	M	U	W
S	A	M	O	O	F	R	Y	N	O	U	P	H	B	M
A	P	V	D	R	Z	B	R	U	R	B	A	W	E	O
E	M	E	K	A	F	F	E	E	T	R	A	A	E	O
T	O	I	D	E	E	S	P	Y	Q	H	R	R	R	R
E	O	D	N	W	A	A	G	E	I	A	I	M	E	B
E	S	P	A	A	R	T	S	T	A	A	T	E	H	V
Y	M	Y	V	I	V	F	Y	M	O	R	G	E	U	L

Diese Wörter habe ich gefunden:

_____

_____

_____

_____

_____

KV24 Wörter mit doppeltem Vokal finden (Lösungen)

Lösung

W	U	L	K	I	C	B	W	Y	Q	P	O
P	P	H	D	J	C	E	V	I	F	A	L
O	H	V	U	R	A	E	J	M	M	A	X
K	T	E	E	R	R	R	K	B	O	R	S
N	R	U	P	J	M	E	L	K	O	B	A
L	I	D	E	E	E	B	E	A	S	W	A
Y	U	S	P	M	E	D	E	F	L	T	L
Q	W	A	A	G	E	V	X	F	P	B	D
H	Z	H	M	B	O	O	T	E	X	J	O
V	V	A	E	S	Z	O	O	E	Z	E	O
Y	D	A	E	Y	M	A	A	L	K	R	F
R	X	R	R	T	R	S	C	H	N	E	E

Lösung

I	V	O	I	S	N	J	N	M	F	S	M	U	N	U
Z	W	S	A	Y	V	X	L	O	A	C	U	Q	B	D
D	F	S	M	M	D	O	W	B	A	H	N	B	E	O
V	C	E	I	E	K	C	Z	O	S	N	C	T	E	O
O	V	E	M	E	K	S	A	O	S	E	Y	E	T	F
G	M	L	K	R	L	P	A	T	A	E	M	E	J	X
V	Z	E	G	Z	E	E	L	D	A	Z	L	R	L	J
C	A	R	R	O	E	E	T	M	L	T	U	M	U	W
S	A	M	O	O	F	R	Y	N	O	U	P	H	B	M
A	P	V	D	R	Z	B	R	U	R	B	A	W	E	O
E	M	E	K	A	F	F	E	E	T	R	A	A	E	O
T	O	I	D	E	E	S	P	Y	Q	H	R	R	R	R
E	O	D	N	W	A	A	G	E	I	A	I	M	E	B
E	S	P	A	A	R	T	S	T	A	A	T	E	H	V
Y	M	Y	P	M	V	I	V	F	Y	M	O	R	G	E	U	L

25. Methode: Wörter mit x-Laut schreiben

Kompetenzerwartungen:
- Wörter mit x-Lauten erkennen und richtig schreiben
- Wörter des Grundwortschatzes fehlerfrei schreiben

Material:
- K25
- KV25

Vorbereitung und Einsatz:
- Kopieren und laminieren Sie K25.
- Kopieren Sie KV25 mit Lösungskarten sowie KV25 Tabelle im Klassensatz.
- Die Schüler lesen die Wortkarten und sortieren sie nach der Schreibweise der x-Laute. Anschließend kontrollieren sie ihr Ergebnis mit den Lösungskarten und übertragen die Wörter in die Tabelle. Zur Anwendung finden die Schüler weitere Wörter mit x-Lauten im Wörterbuch und ergänzen diese in der Tabelle.

K25   Wörter mit x-Laut schreiben

Aufgabe:

„x" „chs" oder „ks". x-Laute werden unterschiedlich geschrieben. Du musst sie dir gut merken.

1. Lies die Wortkarten und überlege, wie die Wörter geschrieben werden.
2. Sortiere die Wörter nach ihrer Schreibweise:

| Wörter mit x | Wörter mit chs | Wörter mit ks |

3. Übertrage die Wörter in die Tabelle.
4. Kontrolliere, ob du die Wörter richtig geschrieben hast.

Schreibe mit den Wörtern Sätze. Markiere den „x"-Laut.

Kompetenzbaustein 4: Wörter mit nicht regelhaften Rechtschreibbesonderheiten schreiben

KV25 Wörter mit x-Laut schreiben

wa_en	Fu_	lin_	A_t	Ke_	Kle_
Eide_e	Wa_	He_e	O_e	Ta_i	Da_
Gewä_	Te_t	Le_ikon	Mi_er	bo_en	A_e

Kontrolle-Karte

Achse   Axt   Dachs   Eidechse   Fuchs   Hexe   links   Gewächs   Klecks
Lexikon   Mixer   Ochse   boxen   Taxi   Text   Wachs   wachsen   Keks

KV25 Wörter mit x-Laut schreiben

wa_en	Fu_	lin_	A_t	Ke_	Le_ikon
Eide_e	Wa_	He_e	O_e	Bü_e	Da_
Gewä_	Te_t	Lu_	Mi_er	bo_en	A_e
Schi_al	Ni_e	La_	Kle_	Ta_i	fa_en

Kontrolle-Karte

Achse   Axt   Keks   boxen   Büchse   Dachs   Eidechse   faxen
Fuchs   Hexe   Gewächs   Klecks   Lachs   Lexikon   Luchs   links
Mixer   Nixe   Ochse   Schicksal   Taxi   Text   Wachs   wachsen

KV25 Wörter mit x-Laut schreiben (Tabelle)

Wörter mit **x**	Wörter mit **chs**	Wörter mit **ks**

26. Methode: Wörter mit Fugenelementen schreiben

Kompetenzerwartungen:
- Wörter mit Fugenelementen richtig schreiben
- Wörter genau lautieren
- Wörter sinnvoll zusammensetzen

Material:
- K26
- KV26

Vorbereitung und Einsatz:
- Kopieren und laminieren Sie K26.
- Kopieren und zerschneiden Sie KV26 Wortkarten. Alternativ können Sie auch die KV26 Wortkarten zum Verbinden im Klassensatz kopieren.
- Kopieren sie KV26 Tabelle im Klassensatz.
- Die Schüler kombinieren die Wortkarten zu sinnvollen Wörtern. Sie übertragen die zusammengesetzten Wörter in die entsprechende Tabellenzeile und markieren das Fugenelement mit grün. Zur Differenzierung kann die Anzahl der Wortkarten variiert werden. Anschließend vergleichen die Schüler zur Anwendung ihre Ergebnisse mit einem Partner oder der Gruppe. Sie finden zudem weitere Wörter mit Fugenelementen.

K26 Wörter mit Fugenelementen schreiben

Aufgabe:

> Zwischen zusammengesetzte Wörter werden manchmal Fugenelemente eingefügt, damit wir die Wörter besser aussprechen können.

1. Bilde mit den Wortkarten sinnvolle zusammengesetzte Wörter.
2. Schreibe die Wörter in die passende Tabellenspalte.
3. Markiere das Fugenelement mit grün.
   So: Geburtstag
4. Vergleicht eure Ergebnisse miteinander.

Findet weitere zusammengesetzte Wörter mit einem Fugenelement zu den Wortkarten.

KV26 Wörter mit Fugenelementen schreiben (Wortkarten)

Hund	stark	Weihnacht	Hof
Kleid	bereit	Kerze	Futter
Geburt	Träger	Klasse	Schirm
Bär	Schrank	Pause	Buch
krank	Tag	Katze	Farbe
Brille	Loch	Sonne	Buch
Blume	Haus	Liebling	Garten
Hilfe	Leine	Bild	Sprecher
Getränk	Strauß	Kind	Baum
Maus	Automat	Tag	Wachs

KV26 Wörter mit Fugenelementen schreiben

Fugenelement S	Fugenelement N	Fugenelement E	Kein Fugenelement
Geburtstag			

Kompetenzbaustein 4: Wörter mit nicht regelhaften Rechtschreibbesonderheiten schreiben

27. Methode: Inneres Mitsprechen automatisieren

Kompetenzerwartungen:
- inneres Mitsprechen anwenden und automatisieren
- Wörter auf ihre orthografisch richtige Schreibweise überprüfen

Material:
- K27
- KV27
- Stoppuhr

Vorbereitung und Einsatz:
- Kopieren und laminieren Sie K27.
- Kopieren Sie KV27 im Klassensatz.
- Zur Selbstkontrolle können Sie ein Lösungsblatt anbieten.
- Die Schüler lesen die Wörter in den Wortblasen. Durch genaues Lautieren finden sie das richtige Wort und kreisen dieses ein. Anschließend vergleichen die Schüler ihr Ergebnis mit einem Partner. In der Anwendung schreiben die Schüler die Wörter im Minutendiktat. Das heißt, sie schreiben die Wörter eine Minute lang immer wieder auf.

K27 Inneres Mitsprechen automatisieren

Aufgabe:

Sprich die Wörter genau mit, dann findest du das richtig geschriebene Wort.

1. Lies die Wörter in den Wortblasen genau.
2. Kreise das richtige Wort ein.
3. Vergleiche deine Ergebnisse mit einem Partner.

Schreibe die richtigen Wörter fehlerfrei eine Minute lang auf deinen Block.

Kompetenzbaustein 5: Rechtschreibprinzipien anwenden und reflektieren

KV27 Inneres Mitsprechen automatisieren

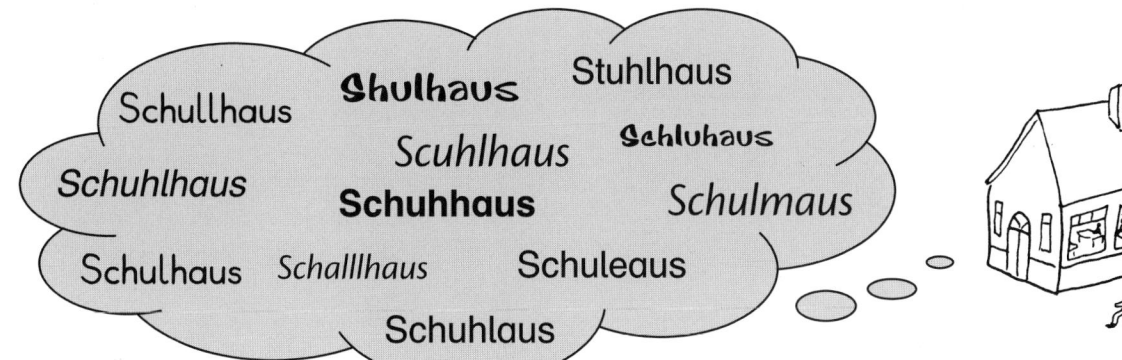

Schullhaus   Shulhaus   Stuhlhaus
Scuhlhaus   Schluhaus
Schuhlhaus   **Schuhhaus**   *Schulmaus*
Schulhaus   *Schalllhaus*   Schuleaus
Schuhlaus

Schwimmonterricht
Schwimmunteriecht
Schwammunterricht
Schwimmeruntertisch
Schwimmsunterricht
Schwimmunterlicht
Schwimmüberricht
Schwimmunterricht
Schlimmunterricht

Spurtfest
Spartfest
Sportrest
Sportfenster
Sportfast
Sportfest
Sportlicht
Sportfresst
Sportfest

Handartbeitstraum
Hundarbeitsraum
Handarbeitsbaum
Handabreitsraum
Handerbeitsraum
Handarbeitsraum
Handraufboldraum
Handabseitsraum
Handelsarbeitsraum

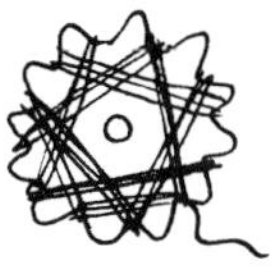

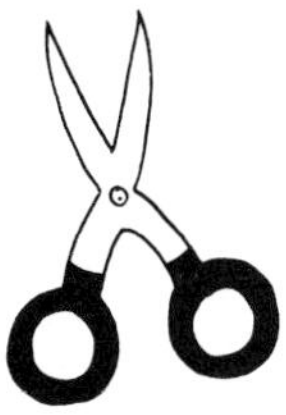

Summerferien
Sommerferein
Sommerverein
Sommaferien
Sommerferleih
Sommerferien
Sommerfrieren
Summerferien
Sonnenferien

KV27 Inneres Mitsprechen automatisieren

Schullhaus Shulhaus Stuhlhaus
Scuhlhaus Schlhaus
Schuhlhaus Schuhhaus Schulmaus
Schulhaus Schalllhaus Schuleaus
Schuhlaus

Schwimmonterricht	Klassenzimmmerfenster	Spurtfest
Schwimmunteriecht	Klassenzimmorfenster	Spartfest
Schwammunterricht	Klassenzimmerflenster	Sportrest
Schwimmeruntertisch	Klassenzimmerwenster	Sportfenster
Schwimmsunterricht	Klassziemerfenster	Sportfast
Schwimmunterlicht	Klassenzimmerfensetor	Sportfest
Schwimmüberricht	Klossenzimmerfenster	Sportlicht
Schwimmunterricht	Klassenziemerfenster	Sportfresst
Schlimmunterricht	Klassenzimmerfenster	Sportfest

Handartbeitstraum	Jahresabstandszeugnis	Summerferien
Hundarbeitsraum	Jahresumschlusszeugnis	Sommerferein
Handarbeitsbaum	Jaesisteinzeugnis	Sommerverein
Handabreitsraum	Jahresabschlusszeugnis	Sommaferien
Handerbeitsraum	Jahresausschlusszeignis	Sommerferleih
Handarbeitsraum	Jahresabstauberzeuchnis	Sommerferien
Handraufboldraum	Jahrhundertszeugnis	Sommerfrieren
Handabseitsraum	Jahresabschleifzeugnis	Summerferien
Handelsarbeitsraum	Jahresabstandsreutsnis	Sonnenferien

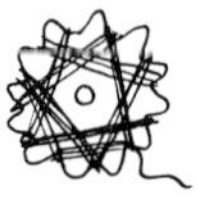

Kompetenzbaustein 5: Rechtschreibprinzipien anwenden und reflektieren

28. Methode: Rechtschreibstrategien anwenden

Kompetenzerwartungen:
- Rechtschreibstrategien kennen und anwenden
- Schwierige Wörter fehlerfrei schreiben

Material:
- K28
- KV28

Vorbereitung und Einsatz:
- Kopieren und laminieren Sie K28.
- Kopieren Sie KV28 im Klassensatz.
- Die Schüler lesen die Sätze. Dabei achten sie besonders auf die Aufpassstellen. Sie überlegen, welche der Strategien jeweils für sie die hilfreichste ist und markieren die Aufpassstellen dementsprechend. Anschließend tauschen sie sich mit einem Partner über ihre Ergebnisse aus. Zur Anwendung schreiben sie die Sätze ab.

K28 Rechtschreibstrategien anwenden

Aufgabe:

> Beim Richtigschreiben helfend dir die Rechtschreibstrategien.
> ⌣⌣ Silben sprechen → Verlängern
> 🔍 Ableiten ! Merken

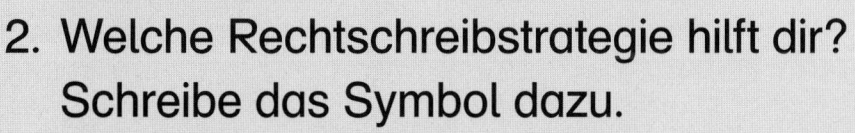

1. Lies die Sätze und achte auf die Aufpassstellen.
2. Welche Rechtschreibstrategie hilft dir? Schreibe das Symbol dazu.
3. Vergleiche mit einem Partner, welche Strategie euch bei den Wörtern hilft.

Schreibe die Sätze fehlerfrei ab.

Kompetenzbaustein 5: Rechtschreibprinzipien anwenden und reflektieren

KV28 Rechtschreibstrategien anwenden

→ Verlängern   🔍 Ableiten

Im Frühling weht der Wind sehr stark.

Die Wiese ist bunt und Bienen summen.

Am heißesten Tag trifft man sich im Freibad.

Viele Bäume lassen ihre Blätter fallen.

Der Hund mag im Wald rennen.

Winterzeit heißt, dass es hoffentlich viel Schnee gibt.

⌣ Silben sprechen   ! Merken

KV28 Rechtschreibstrategien anwenden

→ Verlängern   🔍 Ableiten

Im Fr◯lin◯ we◯ der Win◯ sehr star◯.

Die W◯se ist bun◯ und B◯nen su◯en.

Am hei◯esten Ta◯ tri◯t ma◯ sich im Freiba◯.

◯iele B◯me la◯en i◯re B◯er fa◯en.

Der Hun◯ ma◯ im Wal◯ re◯en.

Winterzei◯ hei◯t, da◯ es ho◯en◯lich ◯iel Schn◯ gi◯t.

⌣ Silben sprechen   ! Merken

Kompetenzbaustein 5: Rechtschreibprinzipien anwenden und reflektieren

29. Methode: Rechtschreibbesonderheiten erkennen

Kompetenzerwartungen:
- Wörter mit Rechtschreibbesonderheiten richtig schreiben
- Rechtschreibstrategien nutzen
- Rechtschreibbewusstsein zeigen
- geschriebene Wörter selbstständig überprüfen

Material:
- K29
- KV29

Vorbereitung und Einsatz:
- Kopieren und laminieren Sie K29.
- Kopieren Sie KV29 und schneiden Sie die einzelnen Wortkarten aus.
- Die Schüler legen die Wortkarten verdeckt auf den Tisch. Sie drehen je eine Karte um und schreiben das Wort aus dem Gedächtnis auf. Anschließend kontrollieren sie mit der Wortkarte. Zur Differenzierung kann die Anzahl der ausgegebenen Wortkarten reduziert oder um eigene Beispiele erweitert werden. Zur Anwendung spielen die Schüler mit einem Partner oder in der Gruppe Merkwort-Memory®. Dazu sagen sie zuerst, welches Wort sie umdrehen möchten und welche Merkstelle es hat. Anschließend drehen sie eine Wortkarte um. Haben Sie die richtige Wortkarte umgedreht, dürfen sie diese behalten. Es gewinnt derjenige, der am Ende die meisten Wortkarten hat.

K29 Rechtschreibbesonderheiten erkennen

Aufgabe:

> Bei manchen Schreibweisen hilft dir kein Rechtschreibtrick. Diese Wörter musst du dir merken!

1. Lege die Wortkarten verdeckt auf den Tisch.
2. Drehe eine Wortkarte um, lies das Wort genau und merke dir die richtige Schreibweise.
3. Schreibe das Wort auswendig auf deinen Block.
4. Kontrolliere genau und drehe die Wortkarte wieder um. Schreibe so alle Wörter auf deinen Block.

Merkwort-Memory®
Sage zuerst, **welches Wort** du aufdecken möchtest und **welche Merkstelle** es hat. Drehe dann eine Wortkarte um. Hast du das richtige Wort umgedreht, darfst du die Wortkarte behalten. Wer am Ende die meisten Wortkarten hat, gewinnt.

KV29 Rechtschreibbesonderheiten erkennen

Säge	Box	Theater	Volk	Quelle	beißen
Träne	Pizza	Baby	voll	Qual	heißen
Käfig	Pony	Computer	Vogel	Qualle	genießen
Mädchen	Axt	Cent	viele	bequem	Stoß
Käfer	Hexe	Lexikon	Vater	quatschen	außen
Ärger	Handy	Text	Vase	Quadrat	Fuß

30. Methode: Fehlerfrei abschreiben

Kompetenzerwartungen:
- Sätze fehlerfrei von einer Vorlage abschreiben
- geschriebene Sätze selbstständig überprüfen

Material:
- K30
- KV30

Vorbereitung und Einsatz:
- Kopieren und laminieren Sie K30.
- Kopieren Sie KV30 im Klassensatz.
- Die Schüler schreiben den Text als Laufdiktat ab. Dazu legen sie die Vorlage ein Stück weit von ihrem Arbeitsplatz entfernt ab. Sie lesen zunächst die Sätze genau und prägen sie sich in für sie sinnvollen Sinneinheiten ein. Anschließend schreiben sie die Sätze fehlerfrei auf ihren Block. Zum Schluss kontrollieren die Schüler jeden Satz genau. Zur Anwendung können die Schüler weitere vorgegebene oder selbst gesuchte Texte abschreiben.

K30   Fehlerfrei abschreiben

Aufgabe:

Schreibe den Text als Laufdiktat ab.

Das funktioniert so:

So scheibst du fehlerfrei ab:
1. Genau lesen!
2. Aufpassstellen erkennen!
3. Sinnvolle Textteile merken!
4. Aus dem Gedächtnis aufschreiben!
5. Genau kontrollieren!

1. Lege dein Heft auf deinen Arbeitsplatz.
2. Lege den Abschreibtext zwei Meter von deinem Schreibplatz entfernt auf einen Tisch oder den Boden.
3. Schreibe den Text fehlerfrei ab. Beachte dabei die Abschreib-Tipps.
4. Kontrolliere, ob du alles richtig geschrieben hast.

Suche dir einen Text und schreibe ihn als Laufdiktat ab.

Kompetenzbaustein 5: Rechtschreibprinzipien anwenden und reflektieren

KV 30 Fehlerfrei abschreiben

Meister der Schönschrift

Es begab sich vor langer Zeit, dass in einem fernen Land ein König lebte. Er hatte viele herrliche Schlösser und er war sehr reich. Doch was er am meisten schätzte, waren nicht seine großen Besitztümer. Mehr als alles andere verehrte er die Künste. Er sammelte Gemälde und Schriftstücke. Unter den nunmehr fast dreitausend Jahre alten Schätzen finden sich Bücher, die so kunstvoll geschrieben sind, dass kein Drucker der Welt diese hohe Schriftkunst nachstellen kann.

a

KV 30 Fehlerfrei abschreiben

Oft sind es die kleinen Dinge

Bald ist endlich wieder Weihnachten. Wie jedes Jahr stehen schon seit einigen Wochen die Weihnachtsdekorationen in den Geschäften. Und selbstverständlich haben die Kinder auch schon längst eine Wunschliste. Zu den beliebtesten Wünschen zählen Spielsachen, Computer oder auch mal ein gutes Buch. „Hauptsache viele große Geschenke", denken sich die meisten Kinder. Aber man kann anderen auch mit kleinen Dingen eine große Freude machen. Ein Lächeln oder einfach ein paar nette Worte reichen schon, um unserem Gegenüber eine Freude zu machen. Es sind eben doch oft die kleinen Dinge, die besonders viel Freude machen!

31. Methode: Eigene Texte überprüfen

Kompetenzerwartungen:
- eigene Texte rechtschriftlich überprüfen
- Beratung und Hilfestellungen zum selbstständigen Finden und Verbessern von Fehlern nutzen

Material:
- K31
- KV31

Vorbereitung und Einsatz:
- Kopieren und laminieren Sie K31.
- Kopieren Sie KV31 im Klassensatz.
- Laminieren Sie die ausgeschnittenen „Fehlerfinder" der Schüler. Korrekturzeichen können individuell vereinbart und ergänzt werden.
- Die Schüler stellen zunächst eigene „Fehlerfinder" her. Diese können laminiert werden. Anhand des Fehlertextes üben die Schüler den Einsatz des Fehlerfinders. Dabei kontrollieren die Schüler den Text von hinten nach vorne, um eine genaue Betrachtung der einzelnen Wörter zu erleichtern. Der „Fehlerfinder" kann vor allem zur Selbstkontrolle eigener Texte genutzt werden.

K31 Eigene Texte überprüfen

Aufgabe:

Mit dem Fehlerfinder kannst du deine Texte selbst verbessern!

1. Gestalte deinen Fehlerfinder und schneide ihn aus.
2. Lies den Fehlertext aufmerksam durch.
3. Nutze den Fehlerfinder und kontrolliere jedes einzelne Wort.
4. Markiere Fehler mit dem richtigen Korrekturzeichen.
5. Schreibe den Text verbessert ab.

Nutze den Fehlerfinder, um deine eigenen Texte zu verbessern.

KV31 Eigene Texte überprüfen

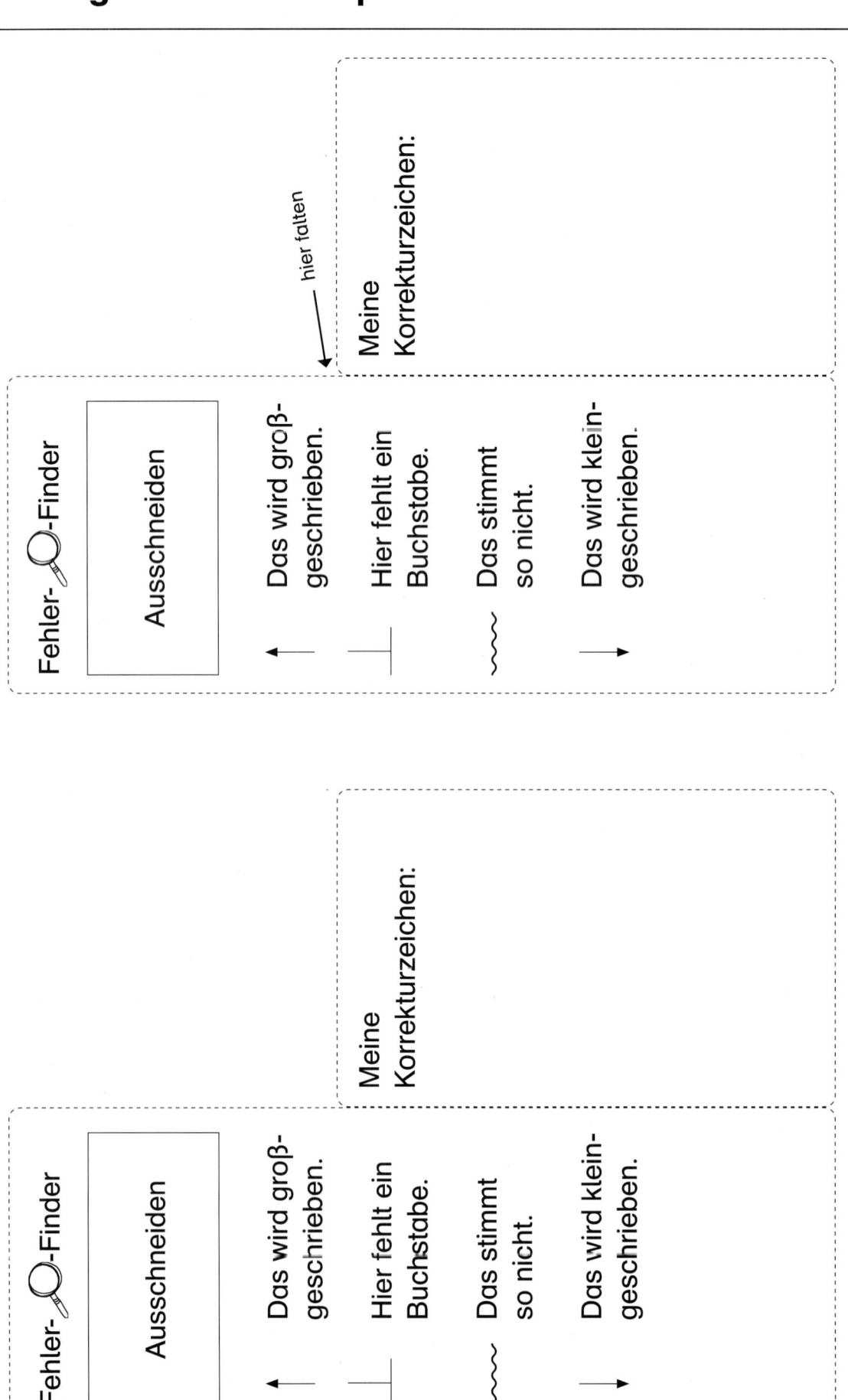

Ausschneiden, gestalten, falten und laminieren

Fehler-O-Finder

Ausschneiden

← Das wird großgeschrieben.

⊥ Hier fehlt ein Buchstabe.

~~~ Das stimmt so nicht.

→ Das wird kleingeschrieben.

hier falten

Meine Korrekturzeichen:

Meine Korrekturzeichen:

Fehler-O-Finder

Ausschneiden

← Das wird großgeschrieben.

⊥ Hier fehlt ein Buchstabe.

~~~ Das stimmt so nicht.

→ Das wird kleingeschrieben.

KV31 Eigene Texte überprüfen

In der <u>s</u>chule ist <u>im</u>er <u>f</u>iel los.
Am <u>m</u>orgen begrü<u>s</u>en sich a<u>l</u>e frö<u>l</u>ich. Nach de<u>r</u> ersten <u>tsw</u>ei <u>st</u>unden ist <u>s</u>chon die erste <u>p</u>ause. Die Kind<u>a</u> to<u>l</u>en un<u>t</u> re<u>n</u>en üb<u>r</u> den Schulh<u>uf</u>. Sie fli<u>z</u>en durch den Schulg<u>a</u>ten und <u>s</u>chpringen mit dem Hüpfs<u>a</u>il. We<u>n</u> es <u>l</u>eutet, tre<u>f</u>en sich die Kla<u>s</u>en am Sam<u>e</u>lplat<u>s</u>. Ab<u>a</u> schon nach zwei Stunden ist ja w<u>i</u>der <u>B</u>ause.

KV31 Eigene Texte überprüfen

In der schule ist imer fiel los.
Am morgen begrüsen sich ale frölich. Nach der ersten tswei stunden ist chon die erste pause. Die Kinda tolen unt renen übr den Schulhuf. Sie flizen durch den Schulgaten und schpringen mit dem Hüpfsail. Wen es leutet, trefen sich die Klasen am Samelplats. Aba schon nach zwei Stunden ist ja wider Bause.

KV31 Eigene Texte überprüfen (Lösung)

In der <u>S</u>chule ist <u>imm</u>er <u>v</u>iel los.
Am <u>M</u>orgen begrü<u>ß</u>en sich a<u>ll</u>e fröhlich. Nach de<u>n</u> ersten <u>zw</u>ei <u>S</u>tunden ist <u>s</u>chon die erste <u>P</u>ause. Die Kinde<u>r</u> to<u>ll</u>en und re<u>nn</u>en übe<u>r</u> den Schulh<u>of</u>. Sie flit<u>z</u>en durch den Schulg<u>ar</u>ten und <u>s</u>pringen mit dem Hüpfs<u>ei</u>l. We<u>nn</u> es <u>l</u>äutet, tre<u>ff</u>en sich die Kla<u>ss</u>en am Sam<u>m</u>elplat<u>z</u>. Ab<u>er</u> schon nach zwei Stunden ist ja w<u>ie</u>der <u>P</u>ause.

Kompetenzbaustein 5: Rechtschreibprinzipien anwenden und reflektieren

32. Methode: Im Wörterbuch nachschlagen

Kompetenzerwartungen:
- Wörter im Wörterbuch nachschlagen
- das Abc abrufen
- Wörter fehlerfrei abschreiben

Material:
- K32
- KV32
- Wörterbücher

Vorbereitung und Einsatz:
- Kopieren und laminieren Sie K32.
- Kopieren Sie KV32 im Klassensatz.
- Die Schüler lesen die Fremdwörter und schlagen diese im Wörterbuch nach. Sie nummerieren anschließend die passende Erklärung. Zur Anwendung finden die Schüler selbst Fremdwörter im Wörterbuch und schlagen die gefundenen Fremdwörter eines Partners nach.

K32 Im Wörterbuch nachschlagen

Aufgabe:

> Schwierige und unbekannte Wörter kannst du im Wörterbuch nachschlagen. Dafür musst du das Abc gut kennen.

1. Lies die Fremdwörter genau.
2. Schlage die Wortbedeutungen im Wörterbuch nach.
3. Trage bei der passenden Erklärung die Nummer des Wortes ein.

Findet Fremdwörter im Wörterbuch und schreibt sie auf. Tauscht eure Blätter und schlagt die Wörter des Partners im Wörterbuch nach.

Kompetenzbaustein 5: Rechtschreibprinzipien anwenden und reflektieren

KV32 Im Wörterbuch nachschlagen

1	Aal		Zauberer
4	Bikini		Gemüseart
6	Differenz		Mehrzahl
2	Akkordeon		ägyptische Schriftzeichen
8	fair		Fahrkarte
9	Flinte		Schiff
15	Nixe		Fahrrad für zwei Personen
20	Sellerie		Geschäft
22	Tandem		Wort
3	aufrichtig		braunhaarig
7	Dynamit		Schlafanzug
0	Hieroglyphen		herabstürzende Schneemassen
11	Kajak		Kleidung
5	brünett		Kleines Paddelboot
13	Lawine		längliche Fischart
16	Oase		ehrlich
23	Ticket		Musikinstrument
12	Klamotten		Unterschied
21	Shop		anständig, ehrlich
17	Plural		Wiederverwertung von Müll
19	Recycling		Meerjungfrau
14	Magier		Sprengstoff
24	Vokabel		Gewehr
25	Yacht		zweiteiliger Badeanzug
18	Pyjama		Wasserstelle in der Wüste

Kompetenzbaustein 5: Rechtschreibprinzipien anwenden und reflektieren

33. Methode: Rechtschreibfehler verbessern

Kompetenzerwartungen:
- Rechtschreibfehler finden und verbessern
- Rechtschreibstrategien anwenden
- Texte selbstständig überprüfen

Material:
- K33
- KV33

Vorbereitung und Einsatz:
- Kopieren und laminieren Sie K33.
- Kopieren Sie KV33 im Klassensatz.
- Kopieren und laminieren Sie KV33 Fehlersätze.
- Die Schüler lesen die Wörter und finden in jeder Zeile die fünf falsch geschriebenen Wörter. Sie schreiben die Wörter verbessert darüber und kontrollieren anschließend mit dem Wörterbuch.
- Zur Anwendung suchen die Schüler die zehn Fehler in den Fehlersätzen. Sie verbessern diese und kontrollieren auf der Rückseite.
- Texte kopieren, umklappen und laminieren.

K33 Rechtschreibfehler verbessern

Aufgabe:

1. Lies die Wörter.
2. In jeder Zeile haben sich fünf Fehler eingeschlichen. Finde die Fehler und schreibe die Wörter verbessert darüber.
3. Kontrolliere mit dem Wörterbuch.

Die Rechtschreibtipps helfen dir beim Verbessern.

Lest gemeinsam den Text.
Findet ihr alle 10 Fehler?
Verbessert die Fehler und kontrolliert auf der Rückseite.

Kompetenzbaustein 5: Rechtschreibprinzipien anwenden und reflektieren

KV33 Rechtschreibfehler verbessern

Bahn	bus	faren	Haltestele	Banhof	aussteigen	Zuk
Elefand	Säugetier	krau	Rüsel	gros	Ohr	kluk
Schuhle	schreiben	Tavel	Stul	Verien	Schport	hausaufgaben
Reuber	beisen	Löwe	geschtreift	Kazze	gefehrlich	schön
Axt	Walt	Beume	Moos	Laup	herbst	Tire

KV33 Rechtschreibfehler verbessern

Bahn	bus	Farkarte	Haltestele	Banhof	austeigen	Zug
Elefand	Seugetier	grau	Rüsel	gros	Ohr	kluk
Schuhle	schreiben	Tavel	Stul	Verien	Schport	hausaufgaben
Reuber	beisen	Tiger	geschtreift	Kazze	gefehrlich	schön
Axt	Walt	Beume	Mos	Laup	Herbst	Tire
Somer	Sonne	hel	aufwermen	Hize	heis	baden
Winta	Schne	rodeln	Schliten	abfart	Eis	kald

Kompetenzbaustein 5: Rechtschreibprinzipien anwenden und reflektieren

KV33   Rechtschreibfehler verbessern

Im Zoo
Im Zoo gipt es fiele Tiere. Es gibt sogar Eisberen und Elefanten. Jeden Tak komen Besucher und beschtaunen die bunten Federn der Fögel. Am libsten haben die Kinda den Streichelzo.

---umknicken

Im Zoo
Im Zoo gibt es viele Tiere. Es gibt sogar Eisbären und Elefanten. Jeden Tag kommen Besucher und bestaunen die bunten Federn der Vögel. Am liebsten haben die Kinder den Streichelzoo.

In der Schule
Am montag begint die Schuhle wie jeden Tag um acht Ur. In der ersten Schtunde erzehlt die Klase vom Wochenende. Die Kinder haben fiel erlept. Und ale haben morgens lange geschlafen.

---umknicken

In der Schule
Am Montag beginnt die Schule wie jeden Tag um acht Uhr. In der ersten Stunde erzählt die Klasse vom Wochenende. Die Kinder haben viel erlebt. Und alle haben morgens lange geschlafen.

Mein Geburtstag
An mainem Geburtztag feiere ich mit meinen freunden. Wir spilen Versteken und Topfschlagen. Dan gibt es mein Lieblingsesen. Zum Schlus machen wier noch eine kinderdisko.

---umknicken

Mein Geburtstag
An meinem Geburtstag feiere ich mit meinen Freunden. Wir spielen Verstecken und Topfschlagen. Dann gibt es mein Lieblingsessen. Zum Schluss machen wir noch eine Kinderdisko.

34. Methode: Lernwörter als Kartei anlegen

Kompetenzerwartungen:
- bewusstes Üben der Rechtschreibstrategien am Grundwortschatz Klasse 3/4
- Wörter mit Rechtschreibbesonderheiten richtig schreiben
- Rechtschreibung entsprechend der Lernbedürfnisse üben
- Wortarten unterscheiden können

Material:
- K34
- KV34
- Karteikarten
- Karteikasten
- Strategieplakat

Vorbereitung und Einsatz:
- Kopieren und laminieren Sie K34.
- Kopieren Sie KV34 im Klassensatz.
- Die Schüler erstellen eine Lernwörterkartei. Sie erhalten dazu eine entsprechende Vorlage, die Sie bei der Erstellung der Kartei als Vorlage verwenden sollen. Die jeweils neuen Lernwörter werden entsprechend auf die Karteikarten geschrieben.

K34 Lernwörter als Kartei anlegen

Aufgabe:

1. Bestimme die Wortart deines Lernwortes.
2. Schreibe deine Lernwörter auf Karteikarten.
3. Beachte dabei die Vorlage.

Mit den Karteikarten kannst du deine Wörter immer wieder üben.

Übe deine Lernwörter. Schau dir das Wort genau an. Präge dir die Aufpassstelle gut ein.
Schreibe das Wort auf und kontrolliere. Hast du das Wort richtig geschrieben, wandert es ein Fach weiter nach hinten im Karteikasten. Ist es falsch geschrieben, bleibt es im ersten Fach.

Kompetenzbaustein 5: Rechtschreibprinzipien anwenden und reflektieren

KV34 Lernwörter als Kartei anlegen

Nomen

das Haus – die Häuser

Strategie: 🔍 Ableiten: au → äu

Verb

gehen
ich gehe, ich ging
ich bin gegangen

Strategie: ⌣ Silben: ge - hen

Adjektiv

wild, wilder, am wildesten

Strategie: ⟶ Verlängern

Sonstiges Wort

zehn

Strategie: ! Merken

Nomen

Schreibe das Nomen in der Einzahl und in der Mehrzahl auf. Vergiss den Begleiter nicht. Markiere die Aufpassstelle und gib die Strategie an.

Verben

Schreibe das Verb in der Grundform und in den verschiedenen Zeitformen auf. Markiere die Aufpassstelle und gib die Strategie an.

Adjektiv

Steigere das Adjektiv. Markiere die Aufpassstelle und gib die Strategie an.

Sonstige Wörter

Schreibe das sonstige Wort auf. Markiere die Aufpassstelle und gib die Strategie an.

**KV34 Lernwörter als Kartei anlegen
(Plakat)**

Unsere Rechtschreibstrategien:

Ich gliedere das Wort nach Silben.
So vergesse ich keine Buchstaben.

z. B. Kin – der

Ich verlängere das Wort,
damit ich das Wortende gut höre.

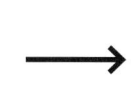

z. B. Hand – Hän-de

Ich suche ein Ableitungswort.
So kann ich e und ä gut unterscheiden.

z. B. die Blätter – das Blatt

Manche Wörter muss ich mir gut merken.
Dazu gehören Wörter mit Dehnungs-h, mit V,
mit doppelten Vokalen oder mit ß.

z. B. das Fahrrad, der Vogel, der Klee, die Straße

35. Methode: Üben mit der Lernwörterkartei

Kompetenzerwartungen:
- bewusstes Üben der Rechtschreibstrategien am Grundwortschatz
- Wörter mit Rechtschreibbesonderheiten richtig schreiben
- Rechtschreibung entsprechend der Lernbedürfnisse üben

Material:
- K35
- KV35 Lernwörterkartei

Vorbereitung und Einsatz:
- Kopieren und laminieren Sie K35.
- Kopieren, laminieren und zerschneiden Sie KV35.
- Die Schüler üben selbstständig mit der Lernwörterkartei. Sie nutzen die verschiedenen Übungsformen, um die Wörter zu üben und um sich die Rechtschreibbesonderheiten einzuprägen.

K35 Üben mit der Lernwörterkartei

Aufgabe:

Mit diesen Übungen kannst du deine Lernwörter immer wieder anders üben.

1. Suche dir fünf Lernwörter aus.
2. Lies die Übung auf der Übungskarte.
3. Schreibe die Lernwörter so, wie es in der Übung beschrieben ist.
4. Kontrolliere die Lernwörter genau.
5. Nimm eine neue Übung für die nächsten fünf Lernwörter.

Überlegt euch selbst Übungen für eure Lernwörter. Du kannst sie zum Beispiel auch am Computer schreiben.

Kompetenzbaustein 5: Rechtschreibprinzipien anwenden und reflektieren

KV35 Üben mit der Lernwörterkartei

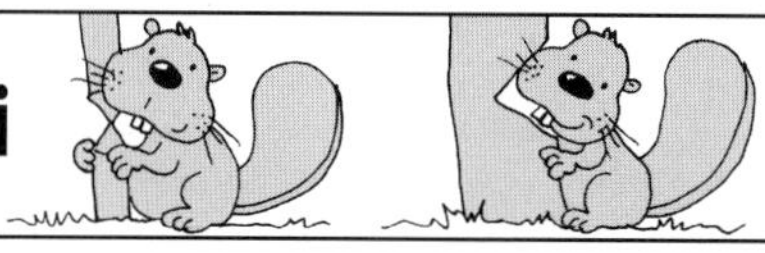

Wir üben unsere Lernwörter — Station

Geheimschrift TOP SECRET

Schreibe die Lernwörter in Geheimschrift.

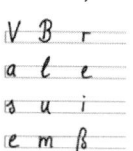

Schreibe so: Auto = ╷╷╷╷
Angst = ╷╷╷╷╷

Wir üben unsere Lernwörter — Station

Japanisch

Schreibe die Lernwörter, wie in Japan.

Schreibe so:
V	B	r
a	l	e
s	u	i
e	m	ß
e	e	
	n	

Wir üben unsere Lernwörter — Station

Andere Hand

Schreibe die Lernwörter mit der ungeübten Hand.

(Rechtshänder → linke Hand
Linkshänder → rechte Hand)

Schreibe so: frei
spazieren

Wir üben unsere Lernwörter — Station

Abc

Schreibe die Lernwörter nach dem Alphabet!

Schreibe so:
1. Auto
2. Bär
3. Zebra

Wir üben unsere Lernwörter — Station

Rückwärts   sträwkcüR

Schreibe die Lernwörter rückwärts.

Schreibe so: Moos = sooM
Pilz = zliP

Wir üben unsere Lernwörter — Station

Schreibunterlage

Schreibe die Lernwörter vorsichtig auf einer der Unterlagen.

Schreibe so: frei
spazieren

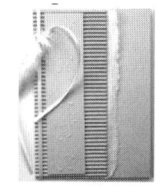

Wir üben unsere Lernwörter — Station

Schnelles Schreiben

Schreibe in 3 Minuten so viele Lernwörter wie möglich.

Es zählen nur fehlerfreie Wörter.

Tipp:
Ihr könnt auch einen Wettbewerb daraus machen.

Wir üben unsere Lernwörter — Station

Wortarten

Ordne die Lernwörter nach Wortarten.

Schreibe so: Namenwörter
NW: die Angst
das Auto

TW: fahren, ich fahre
gehen, du gehst

WW: schön, schöne Augen
bunt, bunte Blätter

Kompetenzbaustein 5: Rechtschreibprinzipien anwenden und reflektieren

Strategiepass

		😊	😐	☹
Kompetenzbaustein 1: Phonologisches und silbisches Prinzip nutzen	1. Ich kann Wörter in Silben zerlegen.			
	2. Ich kann die Trennregeln anwenden.			
	3. Ich kann Wörter mit Silben-h schreiben.			
	4. Ich kann Wörter mit verstecktem r schreiben.			
	5. Ich kann kurze und lange Vokale unterscheiden.			
	6. Ich kann Wörter mit doppelten Konsonanten schreiben.			
	7. Ich kann Wörter mit Doppelkonsonanten verlängern.			
	8. Ich kann Wörter mit tz schreiben.			
	9. Ich kann Wörter mit ck schreiben.			
	10. Ich kann Wörter mit tz und ck richtig trennen.			
	11. Ich kann Wörter mit ie richtig schreiben.			
Kompetenzbaustein 2: Morphologisches Prinzip nutzen	12. Ich kann Nomen großschreiben.			
	13. Ich kann Adjektive erkennen.			
	14. Ich kann Nomen mit -ung, -heit- und keit bilden.			
	15. Ich kann verwandte Wörter suchen.			
	16. Ich kann Wörter mit a-ä, au-äu ableiten.			
	17. Ich schreibe Wörter mit g/k, p/b, d/t richtig.			
Kompetenzbaustein 3: Grammatisches Prinzip nutzen	18. Ich weiß, welche Wörter ich groß schreibe.			
	19. Ich kann Adjektive steigern.			
	20. Ich kann flektierbare Wörter richtig schreiben.			
Kompetenzbaustein 4: Wörter mit nicht regelhaften Rechtschreibbesonderheiten schreiben	21. Ich kann mir Wörter mit Dehnungs-h merken.			
	22. Ich kann weiß, welche Wörter ich mit i statt ie schreiben.			
	23. Ich kann mir Wörter mit V/v merken.			
	24. Ich kann Wörter mit doppeltem Vokal finden.			
	25. Ich kann Wörter mit x-Laut schreiben.			
	26. Ich kann Wörter mit Fugenelementen schreiben.			
Kompetenzbaustein 5: Rechtschreibprinzipien anwenden und reflektieren	27. Ich spreche beim Schreiben mit.			
	28. Ich kann Rechtschreibstrategien anwenden.			
	29. Ich kann Rechtschreibbesonderheiten erkennen.			
	30. Ich kann fehlerfrei abschreiben.			
	31. Ich kann eigene Texte überprüfen.			
	32. Ich kann im Wörterbuch nachschlagen.			
	33. Ich kann Rechtschreibfehler verbessern.			
	34. Ich kann eine Lernwörterkartei anlegen.			
	35. Ich kann mit der Lernwörterkartei üben.			

Kompetenzbaustein 5: Rechtschreibprinzipien anwenden und reflektieren